왜
석유가
문제일까?

OIL
by James Laxer

Copyright © 2008 James Laxer
First published in Canada and the United States by Groundwood Books Ltd.
Korean translation copyright © 2026 by Mr.Back
Korean translation rights arranged with Groundwood Books Ltd.
through The ChoiceMaker Korea Co.

이 책의 한국어판 저작권은 초이스메이커코리아를 통해 Groundwood Books와 독점 계약한 (주)미스터백에 있습니다. 저작권법에 의해 한국 내에서 보호를 받는 저작물이므로 무단 전재와 복제를 금합니다.

왜 석유가 문제일까?

제임스 랙서 지음 │ 유윤한 옮김 │ 김재경 도움글

반니

땅 밑의 석유는 어떤 과정을 거쳐 우리에게 오는 걸까?

과연 우리는 언제까지 석유를 사용할 수 있을까?

산유국 국민들은 왜 빈곤에 허덕일까?

지나친 화석연료의 사용은 지구의 미래에 어떤 영향을 미칠까?

석유로 얻어낸 풍요로운 20세기를 뒤로하고

인류는 지금, 새로운 도전에 직면해 있다.

석유 중독에서 깨어나자

김재경 (에너지경제연구원 석유정책연구실 부연구위원)

석유를 먹고, 마시고, 입다

알람 소리에 눈을 뜨고 학교에 도착하는 순간까지, 평범한 아침을 떠올려보자. 아침에 일어나면 이부자리를 정리하고, 창문을 열고 방안에 좋은 냄새가 나도록 방향제를 뿌린다. 욕실에 들어가 치약 묻힌 칫솔로 양치질을 하고, 비누로 세수를 하고, 샴푸로 머리를 감는다. 방으로 돌아와 얼굴에 로션을 바른 뒤 어제 세제와 섬유유연제를 넣고 빨이 항긋한 냄새까지 나는 속옷이며 양말, 교복을 차려 입고서, 따뜻한 거실을 지나 식탁 앞에 앉는다. 식탁에는 윤기가 흐르는 흰 쌀밥에 생태탕이 맛있는 냄새를 풍기고, 한쪽에는 아버지가 좋아하시는 조기가 노릇노릇 구워져 있고, 달걀 프라이와 갓 담근 햇김치도 보인다. 아버지는 조간신문을 손에 든 채, 감기 기운 때문인지 입맛이 없다며 식사 대신 과일을 드신다. 아침을 먹고 집을 나서면 스마트폰에 이어폰을 연결해 어제 다운받은 음원을 들으며 걷는다. 버스정류장에 도착한 버스를 타고 사람들에 부대끼며 학교에 도착한다.

각자 조금의 차이는 있겠지만, 우리들이 매일 겪을 법한 아침이니 그리 낯설지 않을 것이다. 이제 한 가지 질문을 던져보자. 앞서 묘사한 우리들의 일상에는 과연 얼마만큼의 석유가 사용되었을까? 버스가 석유로 움직인다는 사실쯤은 금방 알아차릴 것이다. 물론 방향제나 치약, 칫솔, 비누, 샴푸, 로션, 세제, 섬유유연제나 신문 잉크에도 석유가 쓰인다. 조금 더 주의를 기울이면, 약국에서 사 온 의약품과 옷이나 이부자리 라벨에서 발견할 수 있는 '폴리……'라는 합성섬유에도 석유가 쓰인다는 것을 알 수 있다. 그러면 아침에 먹은 쌀, 생태, 조기, 달걀, 과일은 어떨까? 물론 이런 식재료는 직접 석유를 넣어 키운 것들이 아니다. 다만 재배나 포획, 양계 등의 과정에서 석유를 필요로 하는 농기계, 보온 막사, 비료나 농약, 어선 등이 활용되고, 무엇보다 들녘이나 바다에서 식탁에 오르기까지 운송이나 보온, 냉장 등의 과정에 석유가 쓰인다.

사실 일상에서 석유가 쓰이는 사례를 제대로 찾는다면 이 책 한 권 정도는 거뜬히 채울 수 있다. 그만큼 우리는 알게 모르게 석유를 사용하고 있다. 석유는 우리 삶의 일부가 된 지 오래다. 조금 거칠게 말하면, 우리는 석유를 먹고, 마시고, 입고, 함께 잔다. 이렇게 생활 속 깊숙이 들어온 석유가 우리 삶을 얼마나 편리하고 풍요롭게 했을까? 확인하는 방법은 간단하다. 앞서 묘사한 일상에서 석유와 관련된 물건들을 제거하거나 천연제품으로 대체하면 된다. 하지만 석유 사용이 당연해진 시대를 사는 우리로서는 석유 덕분에 얼마나 편리하고 풍요로운 세상이 되었는지 아무리 생각해도 선뜻 체감하기 어려울 것이다.

값싼 석유에 중독되다

지금 같은 세상이 되기까지 우리나라는 숨 가쁘게 발전해왔다. 시작은 1962년 경제개발 5개년 계획이 추진되면서부터다. 당시에는 미국에서 휘발유나 경유를 원조 받아 자동차나 기차 등을 운행했고, 난방용 연탄도 부족해 겨울에는 수급 파동을 겪기 일쑤였다. 그나마 연탄은 도회지에서나 구경할 수 있는 사치품이었고, 농어촌에서는 땔나무를 사용했다. 무엇보다 편리하면서도 안정적으로 공급이 가능한 에너지원을 찾아야 했다. 전량 수입해야 한다는 단점이 있었음에도 석유를 활용하는 방안이 채택된 것은 이 때문이다. 최우선 사업으로 원유정제공장이 가동되었고, '주유종탄(主油從炭. 석유를 주에너지원으로, 석탄을 보조에너지원으로 활용)'이라는 정책 기조 아래에서 석유는 경제성장의 추진 동력이 되었다. 이후 에너지원으로서뿐 아니라 석유화학공업의 기초 원료로 역할을 맡았다. 현재는 자동차, 비행기, 공장의 동력이자 제철소, 화력발전소, 시멘트 공장에서 열을 발생하는 연료로 쓰인다. 또한 석유화학제품의 원료로도 활용하는 등 석유는 경제의 기반이며, 국가안보상 중요한 전략 물자로서 관리된다.

밤새워 컴퓨터 게임에 몰두할 때는 자신이 게임 중독이라는 사실을 모른다. 게임을 멈출 때 느껴지는 금단의 고통을 통해서만 자신이 게임에 얼마나 의존적이었는지를 자각한다. 석유도 마찬가지다. 무의식적으로 석유와 함께 생활하며 편리함과 풍요로움을 만끽하는 동안, 어느새 의존성이 생겨났다. 사실 1970년대 이전까지 국제 석유시장에서 석유 1배럴이 2달러를 넘는 일은 거의 없었다. 같은 양의 콜라나 심지어 물보다도 저렴하다 보니 사람들은 석유를 언제까지나 쓸 수 있다는 환상을 가졌고, 말 그대로 물처럼 써버렸다(요즘은 물도 비싸지만 말이다). 그 여파로 자가용의 보급이 급격히 늘어났으며, 연탄아궁이는 석유 보일러로 대체되었다. 또한 합성섬유와 합성수지 제품도 일상에 깊숙이 들어왔다.

이렇게 값싼 석유에 도취되는 동안, 두 번의 오일쇼크가 일어났다. 1973년 중동에서 일어난 욤 키푸르 전쟁 여파로 국제 유가는 거의 4배(배럴당 3달러에서 11달러)나 올랐고, 1979년 이란혁명으로 인한 석유수출금지조치로 2.4배^(배럴당 12달러 90센트에서 31달러 50센트) 인상되었다. 그 뒤 2001년 9.11 테러 이후 40달러대에서 상승하기 시작해 2008년 배럴당 144달러에 도달했다는 사실과 비교하면 그리 큰일도 아니지만, 당시에는 전 세계인에게 큰 충격이었다. 석유가 유한한 자원이며 언젠가는 고갈되어, 현재 누리는 것들이 거품처럼 사라질 수 있다는 사실을 깨달았기 때문이다. 두 번의 오일쇼크를 겪고 나서야 얼마나 석유에 중독되었는지 자각한 것이다.

석유 사용을 어떻게 줄일까

우리나라는 급작스럽게 석유를 수입할 수 없는 상황을 대비해 대규모 저장탱크를 지어놓고 석유를 비축하기 시작해, 현재 약 1억 3,960만 배럴^(2013년 기준)을 보유하고 있다. 이는 우리나라에서만 약 216일 동안 쓸 수 있는 분량이다. 이와 함께 1980년대 이후 에너지 '탈석유화정책'이 시행되면서, 전기를 생산하는 발전소에서 석유를 대체해 원자력과 천연가스를 사용했다. 이는 2000년대 이후 급속히 진행되어, 현재 발전소에서 전기를 만드는 데 쓰이는 연료 중 석유가 차지하는 비중은 5%^(2012년 기준)에 불과하다. 발전용 연료는 석탄^(39%), 원자력^(30%), 천연가스^(23%)가 대세를 이루어, 석유와 전기는 이제 별 상관이 없다. 게다가 비교적 저렴한 가스보일러나 집단에너지*가 널리 쓰이면서, 가정이나 상가에서 난방용으로 석유를 사용하는 비중은 6% 정도이다.

그러나 여전히 막대한 양의 석유가 사용되는 것 또한 현실이다. 2012년에 우리나라는 상암월드컵경기장 63개를 채울 수 있는 9억 4,700만 배럴의 원유를 수입했는데, 수입 규모로는 세계 5위에 이른다. 이를 위해 지불한 외화는 우리나라 전체 수입액의 5분의 1이고, 단일 품목으로는 1위이다. 물론 그중 일부는 재수출한다. 하지만 매년 8억 2,700만 배럴을 사용하는, 세계 8위의 석유 다소비국 중 하나이다. 더구나 소비는 지속적으로 늘고 있다. 왜 그럴까? 석유의 절반(49%)은 석유화학제품의 원료로 사용되며 자동차, 비행기 등 교통수단을 통해 33%가 쓰인다. 치약, 칫솔, 비누, 샴푸, 로션, 세제뿐 아니라 쌀, 생태, 조기, 달걀 그리고 버스에 이르기까지 우리는 수입된 석유의 80% 이상을 쓰고 있다. 그야말로 석유 중독이다.

석유 때문에 고통 받는 사람들

석유에 대한 의존성은 석유산업이 황금알을 낳는 거위라고 인식하게 만들었다. 때문에 석유산업은 태생부터 록펠러가 창립한 스탠

1개 이상의 에너지 생산시설(열병합시설, 열전용보일러, 자원회수 시설 등)에서 생산된 에너지(열 또는 열과 전기)을 말하는데, 주로 아파트나 대형 상가 등에 난방용 온수나 열의 형태로 공급된다.

더드오일의 독점 체제를 필두로 '7자매Seven Sisters'라 불리는 거대 석유기업들의 담합체제와, 이에 대응하는 OPEC^(석유수출국기구)이 힘싸움을 벌이는 국제적 비즈니스가 되었다. 이합집산과 암투, 세력 다툼이 빈번한 조직범죄 세계의 논리를 쉽게 발견할 수 있는 곳이 바로 석유업계이다.

한편 석유 생산은 비록 '생산'이라는 말을 사용하지만, 스마트폰을 생산하는 것과는 차원이 다르다. 스마트폰은 사람이 재료를 가지고 만들지만, 과연 석유는 누가 만든 것일까? 재료를 활용하여 석유를 만들려는 시도가 없지 않지만, 적어도 우리가 아는 땅 밑의 석유는 만든 이가 없는 것이 분명하다. 그럼 석유의 소유권은 무엇을 근거로 주장할까? 그동안은 석유가 묻혀 있는 땅 주인이 소유권을 주장하고, 개발업자에게 임대해주는 방식으로 탐사·개발·생산^(채취)이 이루어져 판매되었다. 그러다 보니 땅만 확보하면 아무런 노력이나 비용 없이도 막대한 부를 거머쥘 수 있는 기막힌 행운이 존재했다. 이러한 행운을 잡고자 하는 사람들의 탐욕은 두 가지 큰 부작용을 낳았다.

첫째는 국제적 분쟁이다. 토지소유권의 법적 보호는 법치가 확립된 국가 내에서나 가능할 뿐, 국가 간에는 힘의 논리가 더 강하게 움직인다. 따라서 석유매장지에서는 끊이지 않고 분쟁이 일어나며, 전쟁으로 확대되는 경우도 빈번하다. 이란·이라크 전쟁^(1980년)이나 걸프전쟁(1991년), 미국의 이라크 침공(2003년), 리비아 내전(2011년), 남수단 내전(2013년) 등은 모두 석유가 매장된 땅이 원인이었다.

석유매장지는 아니지만 극심한 혼란 속에 있는 최근의 우크라이나 사태도 석유가 원인이 된 분쟁 중 하나이다. 우크라이나의 크림반도는 송유관으로 인해 발생한 세력 갈등이 절정에 이른 곳이다. 유럽은 러시아산 석유에 절대적으로 의존하고 있으며, 특히 서시베리아산 원유와 가스는 우크라이나를 지나는 송유관을 거쳐 유럽으로 수출된다. 이 송유관의 안정적인 관리를 위해 유럽과 러시아는 우크라이나를 자기 세력권에 두고 싶어한다. 우크라이나 내부가 유럽연합 측에 서고자 하는 우크라이나계 주민과, 러시아로 편입되고자 하는 러시아계 주민으로 분열된 것은 이 때문이다.

분쟁이나 전쟁은 그 땅 위에 사는 사람들에게는 고통일 수밖에 없다. 이는 두 번째 부작용이라 할 수 있는 이른바 '네덜란드 병' 곧 '자원의 저주'*와도 관련이 깊다. 책에 나오는 석유매장량 순위별 산유국 리스트를 찬찬히 살펴보자. 미국과 캐나다를 제외하고는 정치적으로 민주화되었거나 선진국으로 손꼽을 만한 국가는 거의 없

자원이 풍부한 국가일수록 오히려 경기 침체를 경험하게 되며, 경제적 불평등의 정도도 높아지는 현상을 말한다. 네덜란드가 1959년 북해 유전 발견 이후 1960~1970년대에 극심한 경제 침체를 경험한 데서 생겨난 말이다.

다. 자기 나라 땅 밑에 황금알을 낳는 석유가 있음에도 산유국의 국민 대다수는 가난하며, 그래서 더 불행하다. 이 나라들은 독재 체제가 일반화되어 있고, 석유로 벌어들이는 수익의 거의 전부를 독재정권과 일부 엘리트 계층이 향유한다. 보통 국민들의 삶은 수혜와는 거리가 멀고, 빈부격차나 사회적 불평등의 정도도 석유가 없는 국가들만 못하다. 그래서 대부분의 산유국에서는 국민들의 불만도가 높고, 정권도 불안하다.

2011년 튀니지의 재스민혁명을 시작으로 이집트의 코사리혁명, 리비아의 무아마르 카다피Muammar Qaddafi 축출 등으로 이어지는 이른바 '아랍의 봄'도 결국 이러한 불만이 폭발한 것이다. 그러나 누적된 민족과 부족, 계층 간 불만과 갈등의 골은 여전히 깊다. 이로 인해 발생하는 테러나 내전의 고통은, 석유가 매장된 땅 위에 살고 있는 사람들에게 고스란히 돌아간다. 또한 이들의 불만과 고통이, 자신들의 이익을 위해 독재 체제를 조장한 미국을 향한 분노로 응축되었다는 사실도 깊이 생각해봐야 한다.

석유로 인한 고통은 산유국 주민들만의 것이 아니다. 석유 중독의 부작용은 우리에게도 미친다. 대표적인 것이 극단적인 기후변화이다. 석유를 태울 때 대기로 방출되는 온실가스는 지구 표면의 온도를 상승하게 만들어, 훗날 지구 환경에 미치는 영향은 재앙에 가까울 것으로 예상된다. 또한 석유를 사용하는 내연기관에서 발생하는 초미세먼지가 우리의 건강을 실시간으로 위협하고 있다. 이 또한 석유에 중독된 생활을 한 대가이다.

고유가 시대, 우리의 선택은

석유를 대신해 새로운 에너지원을 활용하자는 목소리가 높다. 태양광, 태양열, 풍력, 수력, 지열, 바이오, 폐기물 등 재생 가능한 에너지원을 개발하거나, 태우면 수증기가 나오는 수소나 전기로 가는 자동차를 개발하려는 노력들이 지속되고 있다. 그러나 이러한 에너지 대부분은 전기를 생산하는 발전소 연료를 대체하기 위한 것이기 때문에 사실상 석탄이나 원자력의 대안으로 보아야 한다. 바이오연료는 사람이 먹는 귀중한 식량 자원으로 만드는 것이고, 수소나 전기자동차는 충전소 등 막대한 설치 비용이나 배터리 생산을 위한 광물자원(리튬 등)의 제약 등으로 단기간에 해결하기 어렵다. 또한 석유화학 제품의 원료를 대신할 자원은 거의 없으므로, 우리가 플라스틱이나 고무, 합성섬유 등의 편리함을 포기하지 않는 한 석유에서 벗어나기 어렵다. 국제에너지기구IEA는 앞으로 20년이 지나도 석유의 절대적 지위는 지속될 것이라고 밝혔다. 결국 한동안은 석유에 의존하며, 석유와 함께 살아야 한다. 우리의 미래는 언제까지 석유를 쓸 수 있느냐에 달렸다.

다행히 지금 당장 낙담할 필요는 없다. 새로운 기술로 채취할 수 있는 비전통 석유의 개발이 한창이기 때문이다. 모래 속에 섞인 역청을 걸러내 활용하거나, 암석(오일세일)에서 석유를 채취하는 기술이 대표적이다. 최근 들어 암석층에서 채취한 타이트오일Tight Oil의 생산량이 급증해 주생산국인 미국이 석유수출국의 명성을 되찾을 것으로 고무되기도 했다. 일각에서는 한때 주목 받았던 석유고갈 예측이론인 '피크오일론'의 폐기가 공공연히 거론되기도 한다.

그러나 한 가지는 분명하다. 값싼 석유를 마음껏 쓰는 시대는 지났다. 물을 잔뜩 머금은 스펀지를 살짝 누르면 물이 흐르듯, 값싸게 석유를 채취하던 이지오일Easy Oil의 시대는 끝난 것이다. 스펀지를 힘주어 짜듯, 채취 비용 또한 높아졌다. 우리는 점점 더 비싼 석유를 써야 한다.

지금 중요한 것은 신재생에너지나 새로운 석유자원에 섣부른 기대를 갖기보다 자신을 성찰하는 것이다. 스스로에게 질문해보자. 석유가 왜 문제일까? 석유를 둘러싼 문제가 무엇이든 그 바탕에는 보다 편리하고 풍요롭게 살고 싶은 욕망과 이기심, 노력 없이 더 많은 것을 가지려는 탐욕이 있지 않을까. 노력한 만큼만 갖고 모두 함께 잘 살아가기 위해 조금 불편하고 부족한 삶을 받아들이지 않는 한, 이미 중독된 석유를 끊기는 힘들다. 끊지 못하는 한, 문명은 석유고갈과 함께 파국을 맞게 된다는 것을 모두가 기억해야 한다.

차례

일러두기

*각주는 옮긴이가 붙인 설명입니다.

01
검은 황금의
시대

oil 우리가 살고 있는 이 세계는 석유에너지로 굴러간다. 지금 이 순간부터 석유와 천연가스를 더 이상 구할 수 없다고 상상해보자. 대중교통, 가정 난방, 농업과 공업 시설, 많은 발전소의 시동이 꺼지면서 서서히 멈출 것이다. 동시에 우리의 삶도 순식간에 수백 년 전으로 돌아가게 된다.

현재 세계의 하루 석유생산량은 9,476만 배럴이다. 그중 세계 인구의 5퍼센트를 차지하는 미국이 1,884만 배럴을 쓰는데, 이것은 전 세계 사용량의 5분의 1에 가까운 양이다. 미국에 뒤이어 중국, 일본, 인도, 러시아, 사우디아라비아 등이 석유를 많이 사용하는 나라로 손꼽힌다.

전 세계를 누비고 있는 자동차, 기차, 비행기, 배와 같은 교통수단은 필요한 에너지의 90퍼센트를 석유에서 얻는다. 특히 미국의 경우 전체 에너지의 약 40퍼센트를 석유와 천연가스에서 얻고 있다. 하지만 현재 미국의 석유생산량은 필요한 양의 절반을 조금 넘을 뿐이다. 제아무리 강대국이라 해도, 에너지 문제에서만은 어느 나라도 자유롭지 못한 것이다. 국가적 에너지 공급원인 석유를 필요한 만큼 쓰려면 주변 나라들의 협조를 받아야만 한다.

중국과 인도의 산업이 빠르게 발전하면서, 세계적으로 석유소비량은 점점 늘어나고 있다. 이런 현상은 날이 갈수록 심해질 것으로 보인다. 각 나라의 정부, 산업계, 농민, 소비자, 환경운동가 들은 전 세계 석유소비량이 날로 늘어나는 것을 보면서 위기의식을 느낀다. 그리고 몇 가지 의문을 떠올린다.

우리는 빠른 속도로 석유를 펑펑 쓰고 있는데, 과연 남아 있는 석유가 늘어나는 소비량을 따라갈 수 있을까? 전 세계에 매장된 석유가 완전히 바닥나는 날은 언제일까? 계속 오르고 있는 석유 가격은 사람들의 생활에 어떤 영향을 끼칠까? 석유가 바닥나기 전에 새로운 에너지 자원을 찾을 수 있을까? 석유 사용으로 생겨난 온실가스가 일으키는 지구온난화와 기후변화와 같은 심각한 환경 문제들은 어떻게 해결해야 할까?

네덜란드 (101)
영국 (161)
독 일 (240)
러시아 (320)
프랑스 (179)
이탈리아 (145)
한국 (230)
이란 (171)
중국 (979)
스페인 (138)
일본 (446)
사우디아라비아 (282)
인도 (329)
싱가포르 (125)
인도네시아 (132)
오스트레일리아 (102)

전 세계 국가의 하루 석유 사용량(단위 : 1만 배럴)

출처 : 미국 〈CIA_The World Factbook〉, 2011

200년도 안 된 석유개발의 역사

세계는 석유가 없으면 거의 돌아가지 않는다. 하지만 역사적으로 석유가 이토록 중요해진 것은 비교적 최근의 일이다. 과연 석유를 사용하기 전에 우리는 어떻게 살았던 것일까?

현대 석유산업은 미국과 캐나다에서 시작되었다. 1858년 캐나다 온타리오 주의 플로리다에서는 북아메리카 최초로 유정oilwell을 뚫고 석유를 끌어올렸다. 이듬해에는 미국 펜실베이니아 주에서 또 다른 유정이 개발되면서 본격적인 석유시대가 열렸다. 이런 초기 개발에 10년 정도 앞서 캐나다의 지질학자인 에이브러햄 게스너Abraham Gesner, 1797~1864는 천연 아스팔트를 가열해 등유를 만드는 방법을 알아냈다. 그리고 몇 년 뒤 폴란드 사람 이그나치 루카시에비치Ignacy Lukasiewicz, 1822~1882가 세계 최초로 원유에서 등유를 분리하는 데 성공했고, 근대적인 등유 램프도 개발했다.

이때까지만 해도 사람들은 대부분 고래기름으로 램프를 켜고 지냈다. 때문에 고래잡이 산업은 뉴잉글랜드를 포함하여 세계 곳곳에서 크게 번성했다. 고래잡이 산업의 주요 목표는 가정용 램프나 거리의 가로등에 불을 붙이는 기름을 얻기 위해 거대한 해양포유동물을 사냥하는 것이다. 1846년 미국의 고래잡이 선단은 규모가 735척이나 될 정도였고, 1850년대에는 고래기름의 가격도 역대 최고에

석유의 종류 중에서 우리 생활에 가장 오랫동안 사용되어 온 형태는
등유이다. 등을 켜는 데 주로 사용되어 등유라는 이름으로 불렸다.

이르렀다. 1856년 고래기름 1갤런(약 3.785리터)의 가격은 1달러 77센트였는데, 현재의 화폐가치로 환산해 휘발유* 가격과 비교해보면 20~30배나 된다.

하지만 그로부터 몇 년이 지나지 않아 석유(특히 등유)가 개발되면서 고래기름을 대신하게 되었다. 당시 고래기름의 가격은 1갤런당 40센트로 폭락했다. 이때부터 고래잡이 산업은 어려운 시기를 맞이했고, 미국 동해안에서 번창하던 포경업체 대부분이 폐업하기에 이르렀다.

수요와 공급의 법칙에 따라, 더 싸고 우수한 석유가 시장에 나타나자 비싼 고래기름을 찾는 사람들은 사라진 것이다. 1895년이 되자 정제된 석유의 가격은 고래 기름보다 6배나 싸졌고, 덕분에 많은 종의 고래가 멸종위기에서 벗어날 수 있게 되었다.

그렇다고 석유산업이 출발부터 순조로웠던 것은 아니다. 토머스 에디슨Thomas Alva Edison, 1847~1931이 발명한 전구가 대중적으로 사용되면서 램프에 주로 쓰이던 등유의 수요는 줄어들었다. 고래기름 산업처럼 석유산업도 불황을 맞게 된 것이다.

하지만 1880년대 중반이 되자 석유산업이 활성화될 수 있는 계

원유를 증류할 때 30~200°C에서 나오는 성분. 인화성이 좋아 공기와 혼합하면 폭발하기 쉽다. 자동차나 비행기의 연료로 쓰이고, 공업용 휘발유는 드라이클리닝, 도료 등에 쓰인다.

>>> 등유를 구하기 어려웠던 시절에는 고래기름을 대신할 만한 것이 없었다.
석유가 개발되면서부터 많은 종의 고래가 멸종위기에서 벗어날 수 있게 되었다.

기가 찾아왔다. 유럽에서 휘발유를 연료로 삼아 움직이는 내연기관을 개발했기 때문이다. 20세기 초반에는 이 내연기관의 힘으로 나아가는 자동차가 대량으로 생산되었다. 이 일에 가장 큰 기여를 한 사람은 1903년에 포드자동차회사를 세운 헨리 포드Henry Ford, 1863~1947였다. 포드사는 당시 가격이 980달러였던 포드 모델 T를 만들었다. 이 차는 세계 최초로 공장에서 대량생산되었다. 그 후 17년 동안 포드 모델 T는 오로지 검정색으로만 생산되어 1,500만 대 이상 팔렸고, 가격은 280달러까지 떨어졌다.

이 모든 것이 혁신적인 자동차 조립 공정 덕분이었다. 1914년이 되자 포드사의 미시간 공장에서는 자동차 1대를 93분 만에 만들어 낼 수 있게 되었다. 덕분에 인건비가 줄어들었고, 자연스럽게 자동차 가격도 내려갔다.

자동차는 이제 더 이상 부자들의 장난감이 아니었다. 수백만 명의 미국인들이 차를 가질 수 있게 되면서, 자동차는 새로운 대중교통 수단으로 확실히 자리매김했다. 미국인들의 삶에는 혁명적인 변화가 일어났고, 자동차의 연료인 석유의 중요성도 더욱 커졌다. 석유는 이제 사회를 굴러가게 하는 데 없어서는 안 될 '검은 황금'이었다. 날마다 석유를 찾는 사람들의 수가 늘어났고, 그런 현상은 오늘날까지 계속되고 있다.

 ## 헨리 포드와 자동차 대량생산

자동차의 대량생산으로 산업 문명의 시작을 알린 헨리 포드는 아일랜드에서 미국으로 건너 온 이민자의 아들로 태어났다.

어릴 때부터 기계를 좋아했던 헨리 포드는 사춘기가 되자 아버지의 품을 떠나 작은 공장에 취직했고, 공장 일보다는 기계를 활용해 노동 인원을 줄이는 생산성 효율에 더 큰 관심을 가졌다.

이후 에디슨이 운영하는 회사에 입사해 새로운 엔진을 개발하는 일을 맡았다. 이곳에서 평소 존경하던 발명왕 에디슨에게 칭찬을 받아 큰 용기를 얻고, 1903년에 동업자와 함께 포드자동차회사를 세웠다.

헨리 포드는 부자가 아닌 대중들도 탈 수 있는 저렴한 자동차를 대량 생산하고 싶었다. 그는 오랜 고민 끝에 컨베이어 벨트를 이용한 자동 조립 생산, 과학적 관리기법, 소품종 대량생산이라는 경영 방법을 도입해 생산 과정의 효율을 높여 비용을 줄이고, 자동차 가격은 낮추는 데 성공했다.

헨리 포드는 시대를 앞서간 혁명적인 사고방식을 가진 사람이었지만 정치적인 감각이나 역사관만은 그렇지 못했다. 그는 젊어서부터 반노동주의, 반유대주의에 사로잡혀 독일 나치당에 거액의 정치 헌금을 기부하고 훈장까지 받았다.

그러나 대중들에게 자가용를 탈 수 있는 기회를 얼이준 헨리 포드의 혁명은 개인용 컴퓨터의 대중화만큼이나 획기적인 일로 평가받고 있다.

거대 석유기업의 탄생

오늘날 생활필수품이라 할 수 있는 석유가 겨우 100~150여 년 전부터 사용되기 시작했다는 것은 좀 뜻밖이다. 그렇다고 인류가 1850년대 이전에는 석유에 대해 전혀 몰랐던 것은 아니다. 최초로 땅에 유정을 뚫고 석유를 끌어올린 것은 4세기 중국에서였다. 당시 사람들은 물을 증발시켜 소금을 얻기 위해 석유를 연료로 소금물을 끓였다. 8세기 바그다드에서도 석유를 손쉽게 구할 수 있었다. 이곳에서 석유는 주로 길을 포장하기 위한 타르를 만드는 데 쓰였다.

북미 최초로 유정이 개발되기 십여 년 전부터 바쿠(baku, 당시에는 러시아제국에 속했지만, 지금은 아제르바이잔공화국의 수도)에서도 이미 유정이 개발되었다. 1861년에는 바쿠에 석유정제공장이 세워졌다. 아주 짧은 기간 동안 바쿠는 세계 석유생산량의 약 90퍼센트를 생산하기도 했다.

하지만 석유산업이 본격적으로 발전한 곳은 미국이었다. 미국에서 자동차를 비롯한 혁신적인 기술 문명이 꽃피면서 석유를 필요로 하는 방대한 시장도 생겨났고, 이는 석유정제산업이 성장하는 계기가 되었다. 초기 석유산업을 지배하는 거대 기업들이 등장한 것도 이 시기였다. 이 기업들은 남북전쟁을 겪으면서 국가라는 큰 고객을 발판으로 삼아 물을 만난 고기처럼 활기차게 성장해갔다. 가장 대표적인 기업은 존 록펠러John Davison Rockefeller, 1839~1937가 세운

>>> 석유산업을 지배하는 가장 대표적인 기업은 미국의 스탠더드오일이다.
창업자 존 록펠러는 세계 최초의 억만장자라 불릴 만큼 막대한 부를 쌓았다.

미국 최초의 정유 주식회사 스탠더드오일Standard Oil이었다.

　록펠러는 1882년에 뉴저지 주에 스탠더드오일을 세우고 미국 전역에 수십 개에 이르는 계열사를 거느린 대기업으로 키웠다. 이후 스탠더드오일은 미국뿐만 아니라 전 세계의 석유산업을 지배하는 거대기업이 되었고, 록펠러는 세계 최초의 억만장자라 불릴 만큼 막대한 부를 쌓았다.

　스탠더드오일의 힘이 너무 막강해지자 부작용도 커졌다. 자유시장의 기능을 파괴하는 기업의 독점을 막기 위해 사회적인 움직임이 일어날 정도였다. 결국 1911년 5월, 미국 대법원은 스탠더드오일이 셔먼 독점금지법* 을 어겼다는 판결과 함께 38개 회사로 분리하라는 명령을 내렸다. 하지만 이런 노력들도 스탠더드오일의 힘을 줄이는 데 그다지 효과적이지 못했다.

　스탠더드오일에서 분리된 석유회사들은 스탠더드오일과 긴밀한 관계를 유지하며 거대 기업으로 자라났다. 이들 중 스탠더드오일컴퍼니오브뉴저지Standard Oil Company of New Jersey, 모빌Mobil, 걸프

19세기 말 미국에서는 몇몇 기업이 산업을 장악하는 현상이 심해졌는데 독점으로 인한 피해는 중소기업뿐 아니라 소비자에게도 미쳤다. 독점기업은 경쟁 기업이 없기 때문에 가격을 높게 책정했고, 소비자가 고를 수 있는 물건의 수나 종류는 오히려 줄어들었다. 독점에 의한 피해가 커지자 1890년 연방의회에서는 존 셔먼 의원의 주도로 독점금지법이 제정되었고, 이를 셔먼독점금지법이라 불렀다.

Gulf, 텍사코Texaco, 소캘Socal, Standard of California과 함께 유럽 기업인 BPBritish Petroleum와 로열더치셸Royal Dutch Shell은 '7자매Seven Sisters'라 부르는 거대 기업이 되어 세계 석유시장을 장악했다.

이들은 마치 전쟁터에서 싸우듯이 악랄한 경쟁을 벌였다. 하지만 시장을 공유하고 전 세계의 석유탐사권을 나눠 가지기 위해서라면 서로 기꺼이 협상을 하기도 했다.

이 기업들은 한 분야의 산업을 독차지하는, 독과점 산업의 전형적인 예를 보여주었다. 1928년에 저지스탠더드, 셸, BP의 임원진들은 스코틀랜드에 모여 전 세계 석유시장과 유전에 대한 영향력을 나누어 가지는 데 합의했다. 이들의 주요 목표는 자기들끼리 가격 경쟁을 벌이는 것을 미리 막아, 석유 가격이 떨어지지 않도록 하는 것이었다.

7자매가 세계 석유를 지배하며 황금기를 누리는 현상은 1970년대 초까지 계속되었다. 그때까지 미국은 세계 최대의 석유생산국이었다. 미국 내에서 석유매장지가 계속 발견되고 개발되었기 때문이다. 그러나 다른 나라, 특히 중동지역에서 식유매장지가 발건되면서 석유 가격을 둘러싸고 신경전이 벌어졌다. 산유국은 석유를 조금이라도 더 높은 가격에 팔아 많은 이익을 남기려고 했다. 하지만 정작 석유를 팔아 가장 많은 돈을 번 것은 거대 기업들이었다.

1960년이 되자 주요 석유수출국은 석유를 유리한 조건에서 팔기 위해 카르텔^(cartel. 동일 업종 기업들이 그 분야를 독점하며 이익을 많이 남기려고 모인 단체)을 형성했다. 특히 베네수엘라는 오늘날 OPEC^(Organization of Petroleum Exporting Countries. 석유수출국기구)이라 부르는 단체를 만드는 데 주도적 역할을 했다. 최초의 OPEC 회원국은 베네수엘라, 이라크, 이란, 사우디아라비아, 쿠웨이트였다. 1950년대에는 지속적으로 석유 가격이 떨어지고 있었기 때문에, OPEC의 주요 목적은 석유 가격이 내려가지 못하게 막는 것이었다.

OPEC은 설립된 후 처음 10년 동안 별다른 활동을 보여주지 않았다. 하지만 1970년대로 들어서자 상황이 바뀌었다. 미국에 석유가 남아돌던 시대가 끝나고 수입 석유에 의존하는 시기로 접어들었기 때문이다. 석유 앞에서 미국의 힘은 점점 약해졌고, 영리하게 OPEC을 조직했던 산유국들은 힘을 얻게 되었다. 이후 OPEC 회원국은 알제리, 앙골라, 나이지리아, 리비아, 에콰도르, 카타르, 아랍에미리트까지 참여해 총 12개국으로 늘어났다.

요동치는 유가

석유를 둘러싼 상황을 극적으로 바꾼 계기는 중동에 불어닥친 정치적 위기였다. 1973년 가을, 이스라엘은 주변 아랍 국가들과 전쟁을 벌였다. 주요 아랍 산유국은 서둘러 석유생산을 줄였고, 이스라엘에 우호적인 국가에는 석유를 팔지 않겠다는 결정을 내렸다. 이로 인해 이스라엘의 최고 우방국인 미국은 큰 타격을 입었다.

OPEC 회원국들은 처음에 석유생산량을 25퍼센트 정도 줄였다. 그리고 이스라엘이 6일 전쟁* 으로 차지한 영토에서 물러날 때까지 생산량을 매달 5퍼센트씩 더 줄이기로 합의했다. 하지만 영토와 관련된 정치적 목적은 달성되지 못했다. 대신 전 세계 석유 가격이 1973년 12월부터 1974년 중반까지 1배럴당 4달러에서 11달러로 치솟았다.

이 일을 계기로 OPEC은 세계 석유시장에 자신들의 영향력을 제대로 보여주게 되었다. 특히 몇몇 OPEC 회원국은 자국의 석유산업에 대한 소유권을 키우기 위해 움직였다. 때문에 이들 국가 안에서 활동하던 거대 석유기업의 지배권은 줄어들었다. 하지만 경제적으로는 여전히 막강한 힘을 유지했고, 치솟는 석유 가격 덕분에 몇 년

1967년 이집트는 티란 해협Straits of Tiran의 봉쇄를 선언하고 이스라엘 선박의 통과를 금지시켰다. 이스라엘은 이것을 이집트의 선전포고로 받아들였다. 이스라엘군은 6월 5일 월요일에 이집트군이 조기경보장치를 잠깐 끄고 있을 때 공군기지를 무자비하게 폭격했다. 그 결과 이집트 공군기들은 대부분 파괴되었다. 이스라엘군은 지상전에서도 이집트군을 완전히 제압하고, 수에즈 운하를 포함한 전 시나이 반도와 골란 고원까지 점령했다. 단 6일간의 전쟁으로 이스라엘은 본래 땅의 거의 6배에 달하는 땅을 차지하게 되었다.

동안 최고의 이익을 내는 기록까지 세웠다. 이 기업들은 OPEC 국가에서 생산되는 대부분의 석유를 실어와 정제한 뒤, 상품으로 만들어 세계시장에 팔고 있었다.

OPEC과 주요 석유기업이 맺은 동업자 관계는 1970년대 말까지 계속되었다. 특히 1979년에 이란에서 혁명이 일어나 샤 왕조가 무너지고 호메이니 정권이 들어서면서 관계는 더욱 굳건해졌다. 혁명의 혼란 때문에 이란의 석유생산량이 줄어들자, 석유 가격은 다시 두 배가 되었다. 하지만 2년 정도 지나자, 세계의 석유공급을 쥐락펴락하던 OPEC이 흔들리기 시작했다. 북해 쪽에서 새로운 유전이 개발되었고, OPEC 회원국 중에서도 협정을 어기고 석유생산량을 늘리는 나라가 생겨났다.

그 결과, 석유 가격이 1배럴당 30달러에서 10달러로 폭락했다. 석유 가격이 떨어지자 미국의 텍사스나 캐나다의 앨버타 같은 석유생산지에도 경제적으로 힘든 시기가 찾아왔다. 실업이 증가하고 도시의 번화가는 침체를 벗어나지 못했다.

비교적 낮은 석유 가격은 1990년대까지 계속 이어졌다. 하지만 21세기에 접어들어 석유 수요가 급증하면서 가격이 무섭게 오르기 시작했다. 2007년 11월에 1배럴당 98달러까지 올랐고, 곧이어 2008년 1월에 국제 유가가 사상 최초로 100달러를 돌파했다. 폭등하기 시작한 유가는 그해 7월에 사상 최고가인 144달러까지 올랐다가, 글로벌 금융 위기가 닥치면서 무섭게 추락해 5개월 만에 33달러까지 떨어졌다. 이후 꾸준히 올라 2011년에는 다시 100달러 선을 넘었고, 몇 년간 상승과 하락을 반복하다가 현재는 100달러에서 오르내리고 있다.

앞으로도 수요 변화와 산유국의 불안한 정세 때문에 석유 가격은 얼마든지 변할 수 있다. 대부분의 전문가들은 석유 가격이 꾸준히 오를 것으로 예상한다.

위기를 맞은 석유시대

석유시대가 위기를 맞았다고 말하는 것은 과장이 아니다. 150여 년 전쯤 고래기름을 필요로 하는 사람들이 늘어나자 가격이 크게 올랐다. 그 결과 무분별한 사냥이 시작되었고, 고래는 멸종위기에 처했다. 고래기름의 수요는 늘어나는데, 고래의 개체 수는 줄어드는 상황이었나. 이런 압박은 더욱 심한 가격 폭등으로 이어져, 석유가 보급될 때까지 경제적으로도 큰 영향을 끼쳤다.

마찬가지로, 아니 어쩌면 그보다 더 심하게 석유는 부족한 공급으로 인해 경제 위기의 주요 원인이 될 조짐을 보이고 있다. 석유 문제가 더욱 심각한 것은 환경 문제와 깊은 관련이 있기 때문이다. 게다가 석유는 풍부한 매장지인 중동 지역에서 끊임없이 군사적·정치적 갈등을 일으키는 원인으로도 작용해, 이 지역의 석유탐사는 늘 유혈사태나 전쟁과 함께해야 하는 어려움 속에 있다.

02

석유산업을
움직이는 기업들

oil 석유는 수백만 년 동안 지층 아래 묻힌 동물들의 사체가 높은 열과 압력을 받아 만들어진다. 이런 변화는 진흙층과 셰일shale층이 이어진 지층에서 주로 일어나고, 석탄이 만들어지는 과정도 비슷하다. 다만 석탄은 동물이 아닌 식물의 사체가 지층 깊은 곳에 묻힌 뒤에 생긴 것이다.

지구 속은 천연 용광로이다. 땅속 깊은 곳에 묻힌 동물의 사체는 수십억 년 동안 이 용광로 속에서 높은 열과 압력을 받은 뒤 완전히 다른 물질로 바뀐다. 박테리아가 산소를 없애는 역할을 하기 때문에 탄화수소(액체 탄소)가 주로 남게 되는데, 이것이 석유이다. 이 액체는 지구 속 용광로의 지속적인 압력을 견디지 못하고, 셰일층을 벗어나 좀 더 구멍이 많은 암석층^(석회암, 백운암, 사암) 속으로 스며든다.

석유는 어떤 곳에 묻혀 있을까?

세계지도가 오늘날의 모습으로 자리 잡을 때까지 지각 판들은 이리저리 이동하며 서로 충돌했다. 충돌 후 지층이 휘어져 위쪽으로 불룩해지면 암석이나 물에 비해 가벼운 석유가 떠오르며 모여드는데, 이곳이 석유매장지가 된다. 이런 매장지를 덮는 뚜껑 역할을 하는 지층은 석유가 스며들기 어려운 셰일층이 대부분이다. 하지만 가끔 지표면 바로 아래 석유가 매장되어 있다가 웅덩이나 개울을 통해 스며 나오는 경우도 있다.

천연가스는 이보다 훨씬 깊은 지하 7,000미터 이상에서 만들어진다. 압력이 높은 곳에서는 액체 석유가 천연가스로 변하기 때문이다.

석유는 오일샌드에서도 발견된다. 역청* 상태의 석유는 액체나

석유를 머금고 있는 모래를 오일샌드라고 하는데, 이 모래에 들어 있는 석유는 대부분 역청 상태이다. 역청은 액체 석유로부터 휘발성 성분이 증발하고 남은 것들이 복잡한 화학변화를 거치며 생겨난 것이다. 대표적인 예가 천연 상태의 아스팔트이다. 오일샌드에서 역청을 분리한 뒤 이를 가공하면, 유정에서 직접 끌어 올린 원유와 성분이 같다.

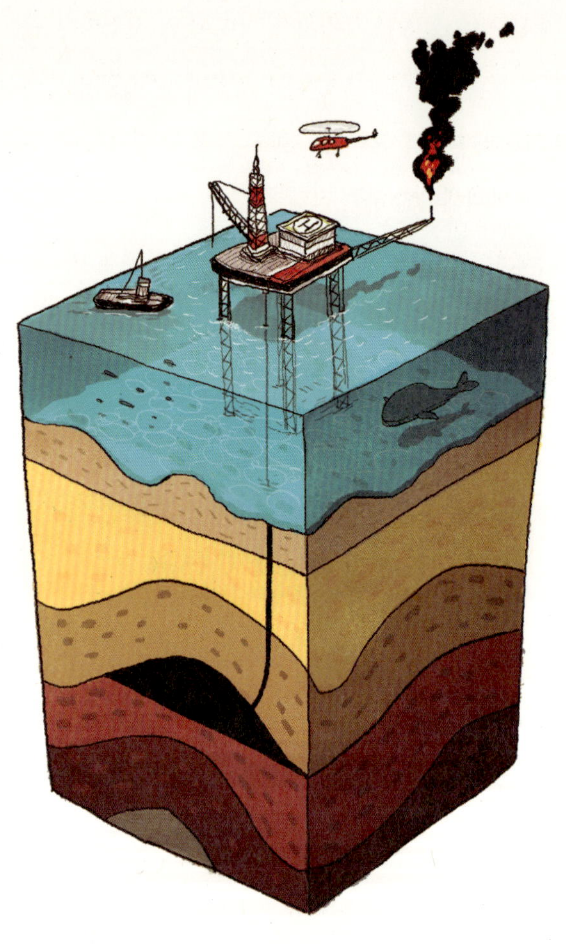

>>> 거대한 석유매장지는 지각 판들이 이동하는 과정에서 생긴다.
충돌한 지각 판의 지층이 휘어지면, 이곳으로 석유가 흘러들어 석유매장지가 된다.

반액체로 석회암, 사암 또는 모래에 섞여 있다. 오일샌드에서 석유를 추출할 때에는 먼저 역청을 분리해내고, 역청에서 다시 석유를 분리한다. 이 과정에는 비용이 아주 많이 들어간다. 모래를 대규모로 파내야 하는 데다 천연가스와 물도 많이 필요하다. 결국 자연을 심각하게 파괴해야만 하는 작업이다.

신이 선물한 검은 황금

석유는 기체, 액체, 고체 상태가 모두 될 수 있다. 액체 석유의 경우에는 점도(진하기)가 높을 수도 있고, 낮을 수도 있다. 색깔은 거의 투명한 것에서부터 칠흑같이 새까만 색까지 다양하다. 석유는 천연가스, 가솔린, 나프타naphtha, 등유*, 윤활유, 파라핀 왁스paraffin wax, 아스팔트처럼 다양한 형태로 가공될 수 있다. 또 각종 화학제품 및 약품의 귀중한 원료로도 쓰인다.

석유는 신이 인류에게 준 선물과도 같다. 산업 문명을 유지하는

원유를 증류할 때 180~250℃에서 나오는 성분. 가장 오래 전부터 우리 생활에 사용되어 오던 석유로, 등을 켜는 데 사용되었다. 가솔린이나 경유가 자동차 연료로 쓰이면서 등유의 비중이 상대적으로 줄어들었지만, 여전히 난로와 보일러 등 가정난방용으로 사용되고 있다.

다양한
탄화수소
화합물

원유
(액체 상태의 석유)
휘발유, 경유*, 난방유, 등유를
만들기 위해 사용된다. 플라스틱,
각종 화학제품, 약품 등의 원료로
쓰이기도 한다. 발전소에서
전기 에너지를 생산하기 위해
기계를 작동시킬 때도
연료로 쓰인다.

오일샌드 또는 오일셰일
(고체 상태의 석유)
원유를 얻을 수 있는 역청이 포함된
모래나 암석. 오일샌드나 오일
셰일에서 역청을 분리하고 정제
과정을 거치면 원유를 얻을 수 있다.
그러나 이 과정에는 많은 비용이
들어가고, 환경파괴가
따른다.

천연가스
(기체 상태의 석유)
건물의 난방용이나 버스의 연료로
쓰인다. 플라스틱이나 약품과 같은,
화합물의 원료로도 사용된다. 또
천연가스가 가지는 에너지를 이용해
발전소의 터빈을 돌리기도 한다.
운반하거나 보관하기 쉽게
액체로 만들 수 있다.

에틸렌
원유나 천연가스를
'수증기 분해' 과정으로 처리해
얻는다. 여러 개의 에틸렌이
결합하면 폴리에틸렌이 된다.
폴리에틸렌은 플라스틱과 비닐의
재료로 널리 쓰이며, 과거에는 마취제로
사용되기도 했다. 에틸렌을 사용한
대표적인 제품으로는 종량제 쓰레기
봉투, 우유통 등이 있다.

탄화수소란?
탄화수소는 수소와
탄소로 이루어진 화
합물이다. 탄소와
수소의 배열 방법에
따라 다양한 종류의
화합물이 되며, 모
든 석유제품의 주요
성분이기도 하다.
자연에서 액체, 기
체, 고체 상태로 발
견된다.

원유를 증류할 때 220~250°C에서 나오는 성분. 디젤 엔진의 연료로 쓰이는 것 외에 석유 버너의
연료나 기계 세척제로 사용된다.

데 꼭 필요한 이 자원은, 땅만 잘 골라 파면 분수처럼 솟구쳐 나온다. 게다가 지구촌 어디든지 운송하기 편리하다. 탐사 초기에 유정을 뚫는 데 성공한 기술자들이 석유가 분수처럼 솟구치면 그 아래서 춤추며 기뻐한 것도 놀랄 일은 아니다.

그러나 '신들의 꿀'이라고도 불리는 검은 황금에 대해 잊지 말아야 할 점이 있다. 석유는 아주 오랜 세월에 걸쳐 만들어진 한정된 자원이라는 사실이다. 그런데 인류는 너무나 빠른 속도로 이 자원을 써버리고 있다.

석유를 탐사하고 가공해 판매하는 산업은 19세기 중반부터 서서히 생겨났다. 그리고 시간이 흐를수록 석유를 찾아내 추출하는 기술도 발전했다. 탐사회사가 고용한 전문가들은 석유매장지에 대한 지질학적 지식과 위성 관찰 자료를 활용하여 세계 곳곳의 지표면과 바다 밑바닥까지 탐욕스럽게 수색했다.

그러나 탐사회사와 지질학자들의 마음 한구석에도 몇 가지 걱정은 있었을 것이다. 과연 지구상에는 얼마나 많은 석유가 남아 있고, 사람들은 언제까지 그 석유를 쓸 수 있을까?

20세기 중반 미국의 석유 분석가인 매리언 킹 허버트^{Marion King Hubbert, 1903~1989}는 석유 고갈과 관련해 새로운 이론을 제기했다. 미국산 석유의 발견이 1930년대 초에 최고조에 이르렀으며, 석유 탐사에 걸리는 시간과 석유를 계속 생산할 수 있는 시간을 고려해

볼 때 미국의 석유생산은 1970년대 초에 절정에 이를 것이라는 예측이었다. 그의 말은 거의 정확했다. 미국의 석유생산은 1971년에 최고점을 찍은 뒤 계속 줄어들었다. 이제는 많은 전문가들이 허버트의 예측법을 따라 전 세계 석유생산량이 언제 최고점에 이르고, 최고점을 지나면 생산량이 얼마나 빨리 줄어들지 예측하고 있다.

1973년과 1974년 사이에 석유 가격이 폭등한 뒤, 많은 전문가와 대중들 사이에서 '성장의 한계'에 대한 토론이 이어졌다. 특히 영향력 있는 정치 지도자들과 지식인들은 '로마 클럽*'이라는 단체를 만들어 각국 정부와 사람들에게 경고하기 시작했다. 석유를 포함한 천연자원이 언젠가는 바닥날 것이므로, 미래의 경제개발계획은 이런 자원의 유한함을 고려해야 한다는 주장이었다.

한때 주목을 받았던 로마 클럽의 의견은 1980년대로 들어서자 지지 세력을 잃어갔다. 영국의 마거릿 대처 수상이나 미국의 로널드 레이건 대통령처럼 보수적인 정치인이 인기를 끌었기 때문이다.

유럽의 과학자, 경제학자, 교육자, 경영자들을 중심으로 1968년에 이루어진 민간단체. 로마에 첫 회의를 가졌기 때문에 '로마 클럽'이란 이름이 붙었다. 이들은 인구가 현재 속도로 증가하고, 자원 소비와 환경오염이 계속된다면, 앞으로 100년 안에 지구는 위기에 처할 것이라고 주장했다. 그리고 인류가 위기를 맞이하는 주요 원인으로 자원 고갈, 환경파괴, 폭발적인 인구 증가와 기근, 기술 진보에 따른 대규모 파괴 등을 꼽았다. 로마 클럽은 이런 위기를 가리켜 '성장의 한계 The Limits to Growth'라는 말을 처음 사용했다.

이 두 정치가는 자유롭게 경쟁하는 시장의 원리로 자원 고갈을 이겨 나갈 수 있다고 믿었다. 이들의 논리를 간단히 살펴보자. 석유와 같은 천연자원의 공급이 부족하면 가격이 오른다. 그러면 자연스럽게 이런 자원을 최대한 적게 사용하는 제품을 개발하게 되고, 새로운 자원을 찾는 연구에 몰두하게 된다. 19세기에 고래기름을 대신할 석유를 찾아냈듯이 말이다.

하지만 석유자원에 대한 이런 낙관적인 생각은 21세기 초가 되자 새로운 문제에 직면했다. 첫째, 석유 가격이 감당하기 벅찰 정도로 계속해서 올랐다. 둘째, 미국을 비롯한 대부분의 선진국이 많은 양의 석유를 수입하고 있는 중동의 내부가 늘 불안하다는 것이다. 이 때문에 석유생산이 언제 최고에 이를지는 사람들의 지대한 관심사이다.

일부에서는 석유생산의 최고점인 피크오일peak oil이 이미 지나갔다고 주장한다. 이를테면 1989년, 1990년, 1995~2000년이 피크오일이었다는 의견들이다. 하지만 모두 아닌 것으로 드러났다. 한편 투자회사인 골드만삭스는 2007년이 피크오일이었다고 수장했다. 이것이 맞는지는 앞으로 몇 년 더 지켜보며 석유생산량이 계속 줄어드는지를 확인해봐야 한다. 다른 몇몇 전문가들은 앞으로 몇 십년 후나 그보다 조금 늦게 피크오일에 이를 것으로 내다보고 있다.

세계열강의 관심사인 석유매장지

이미 확인되거나 가능성 있는 석유매장지가 어디인지는 피크오일만큼이나 중요하다. 사실 석유매장지는 정치적·경제적·군사적으로 세계열강의 가장 큰 관심사이다.

세계적으로 유명한 석유매장지가 피크오일에 이르게 되면, 중동의 석유매장지는 더욱 중요해진다. 2013년 자료에 따르면, 중동 걸프 만 주변 국가인 사우디아라비아, 이라크, 아랍에미리트공화국, 쿠웨이트, 이란, 카타르 등에 전 세계 석유매장지의 약 48퍼센트인 7,915억 배럴이 매장되어 있다.

이들 국가 외에 중남미(약 3,350억 배럴), 캐나다(약 1,731억 배럴), 아프리카(약 1,215억 배럴), 구소련(약 1,188억 배럴), 아시아(약 453억 배럴), 미국(약 207억 배럴), 북해 연안 국가들(약 99억 배럴)에도 석유가 묻혀 있다. 이는 중동 지역의 석유매장량이 엄청나다는 것을 한눈에 확인시켜주는 자료이다. 전문가들은 2025년 이후가 되면 전 세계가 중동 지역의 석유에 크게 의존해야 할 것으로 추정하고 있다.

지금까지 예로 든 석유매장지는 이미 검증된 장소들이다. 그런데 지질학자들과 석유탐사회사는 이들 외에도 석유가 매장된 곳이 더 있을 것으로 보고 탐사를 계속하고 있으며, 전통적인 유전 개발 외에 오일샌드나 오일셰일에서 석유를 추출하는 방법에도 관심을 보

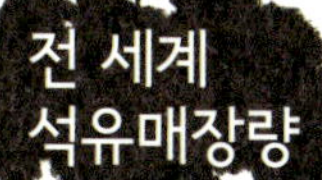

순위	국가명	매장량(단위: 1억 배럴)
1	베네수엘라	2,976
2	사우디아라비아	2,679
3	캐나다	1,731
4	이란	1,546
5	이라크	1,414
6	쿠웨이트	1,040
7	아랍에미리트	978
8	러시아	800
9	리비아	480
10	나이지리아	372
11	카자흐스탄	300
12	카타르	254
13	미국	207
14	중국	173
15	브라질	131
16	알제리	122
17	앙골라	105
18	멕시코	103
19	에콰도르	82
20	아제르바이잔	70
	기타 국가	789
	총량	16,352

출처 : 미국 <CIA_The World Factbook>, 2013

이고 있다.

하지만 현재로서는 추출 과정에 들어가는 비용이 너무 비싸고 환경파괴도 심해서 미국 콜로라도 지역에서는 대규모 오일셰일지대를 눈앞에 두고도 석유를 추출하지 않는다. 반면에 캐나다의 앨버타 지역에서는 오일샌드에서 석유를 추출하는 사업이 점점 커지고 있다. 일부 전문가들은 이 지역에서 추출할 수 있는 석유량이 사우디아라비아의 석유매장량보다 많을 것이라고 추측하고 있다.

석유산업 초기에는 매장된 석유를 끌어올리는 기술이 부족했다. 그래서 시추가 끝난 뒤에도 땅속에 석유가 3분의 2 정도 남아 있는 경우가 많았다. 시추 기술이 비효율적이어서 자원 낭비가 심했던 것이다. 그러나 석유 가격이 점점 오르면서 석유 시추에도 더 많은 투자가 이루어져 제2, 제3의 방법이 개발되었다. 그중에는 뜨거운 증기를 유정 안으로 주입해 더 많은 석유를 끌어올리는 방법도 있다. 하지만 이런 기술들을 이용해도 매장량의 절반 정도는 여전히 땅속에 남겨둘 수밖에 없는 실정이다.

독점 석유기업의 폭발적인 성장

19세기 중반에 석유를 땅속에서 퍼 올려 가공한 뒤 시장에 판매하는 것으로 시작한 석유산업은, 지금은 세계에서 가장 영향력이 큰 사업 중 하나가 되었다.

존 록펠러는 석유가 소비자의 손에 들어가기 전에 공장으로 운송하여 정유하는 사업의 지배권을 얻으려 했다. 그는 온갖 노력 끝에 이 분야의 경쟁자들을 물리치고 지배권을 얻어 1870년에 스탠더드 오일이라는 회사를 세웠다. 이후 록펠러는 시장의 경쟁 원리를 절묘하게 이용해 큰 성공을 거둔 동시에 많은 비난을 받았다. 자신의 회사에서 생산한 석유의 운송비용을 줄이려고 철도회사끼리 경쟁하게 만든 후 공급과잉으로 석유 가격이 폭락한 기간 동안 경쟁사의 약점을 이용해 그들을 업계에서 퇴출시키고, 그 자산을 헐값에 사들였기 때문이다. 이 방법이 통하지 않을 경우에는 경쟁사가 차지한 시장에 뛰어들어 그보다 훨씬 싼 가격에 석유를 팔았다. 결국 고객을 모두 빼앗긴 경쟁사가 더 이상 버티지 못하고 망하면, 얼른 그 회사를 인수합병했다.

스탠더드오일은 철도와 연결된 생산지의 송유관을 소유하고 통제하고 있다. 미국 내 모든 석유 중 95퍼센트가 이 회사의 송유관을 지난다. …… 이 회사는 철도회사에 여러 가지 조건을 내걸며 운임 할인을 요구하고 있다. 그리고 중소 소매업자의 자산을 사들이는 방식으로 업계에서 내쫓아버렸다.

스탠더드오일은 우수한 운송 설비를 수단으로 석유생산자들에게 비싼 값을 치르게 했고, 시장에 자사의 제품을 더 싼 가격에 공급할 수 있는 유리한 위치에 섰다. 이런 식으로 스탠더드오일은 주변 기업을 하나씩 빨아들이다가, 결국 독점해버렸다.

– 1880년대 뉴욕 주 입법위원회 보고서

우리 사회는 록펠러와 같은 부호들을 어떤 시선으로 바라보아야 하는가? 의사나 변호사가 전문가답지 못한 부당 행위를 하거나 운동선수가 규칙을 악용하면, 경멸이 가득담긴 외면을 받는다. 그렇다면 정당하지 못한 방법으로 경쟁자를 밀어내고 특권을 얻으려는 사업가도 마찬가지 대우를 받아야 한다. 그래야 젊은 세대가 상거래하기에 좋은 사회를 만들 수 있다.

– 아이다 미네르바 타벨 Ida Minerva Tarbell,
《The History of the Standard Oil Company》, 1904년

 **두 얼굴의 록펠러**

스탠더드오일의 창립자인 존 록펠러는 세계에서 가장 무자비한 사업가로 악명이 높지만, 자선활동을 했던 최초의 사업가이기도 하다.

록펠러는 1839년 뉴욕에서 태어나 열아홉 살에 교회 집사가 되었고, 스물한 살부터 교회 경영에 참여했다. 록펠러의 깊은 신앙심은 회사 경

54

영에 어떤 영향을 미쳤을까? 신앙생활을 하듯이 경건하고 정직하게 경영했을까? 전혀 아니었다. 그는 사회적으로 격렬한 비판을 불러일으킬 정도로, 약한 중소기업들을 먹어치우며 스탠더드오일을 키워 나갔다.

스탠더드오일을 세운 초기에만 해도 석유는 열차로 운송되었다. 1870년대는 철도회사끼리 무한 경쟁을 벌이던 때였다. 그는 철도회사에 리베이트rebate를 요구해 자신이 생산한 석유를 싼 값에 운반했고, 덕분에 제품 원가를 크게 낮출 수 있었다. 또 그로 인해 경쟁 제품들을 시장에서 쉽게 밀어내고 시장을 장악했다. 고객을 거의 모두 빼앗긴 경쟁사가 재정 위기에 몰리면 회사를 팔도록 압박했다. 록펠러는 인생과 사업에 대한 자신의 철학을 다음과 같이 정리했다.

"한 송이 장미가 찬란하게 꽃피어 보는 이들을 즐겁게 하려면, 주위의 작은 꽃봉오리를 따주고 가지도 쳐주어야 합니다. 사업에서도 마찬가지입니다. 약한 기업을 합병하며 성장하는 것은 자연의 순리를 따르는 것이지 악한 일이 아닙니다."

하지만 당시 상원의원이었던 마르쿠스 한나는 무자비한 기업 사냥으로 부를 쌓아가는 록펠러를 두고 이렇게 말했다.

"록펠러는 돈에 미치고 또 미친 사람입니다. 다른 모든 것에는 정상이지만 돈에 대해서는 그렇지 않아요."

록펠러는 살아서도 세계 최고의 갑부였지만, 죽은 뒤에도 그의 부를 능가하는 사람은 아무도 없었다. 그가 세상을 뜰 때쯤 그의 자산은 미국 국가 자산의 상당 부분을 차지할 만큼 어마어마한 액수였다. 심지어 마이크로소프트웨어의 창시자이자 오늘날 최고 부자인 빌 게이츠의 재산이 미국 자산에서 차지하는 비중을 훨씬 뛰어넘을 정도였다.

록펠러는 자선사업에서도 따를 자가 없을 정도로 통이 컸다. 1884년에 조지아 주 애틀랜타대학에 흑인 여성을 위한 교육기관을 세워달라며 거액을 기부했다. 이 기부금으로 세워진 학교는 록펠러의 아내 집안을 기리기 위해 '스펠먼대학'이라 이름 지어졌다. 스펠먼 집안 사람들은 남북전쟁 때 노예해방을 위해 헌신한 명문가였다.

록펠러는 시카고대학 설립을 위해서도 8,000만 달러를 기부했다. 1901년에는 뉴욕에 록펠러 의학연구소를 세웠고, 1913년에는 록펠러재단을 세웠으며, 2억 5,000만 달러를 기부해 미국의 의료, 보건, 문화 발전에도 크게 기여했다.

세계 석유시장을 주무르는 7자매

미국 대법원의 명령에 따라 스탠더드오일에서 분리된 회사들 중 가장 큰 회사는 '스탠더드오일컴퍼니오브뉴저지'였다. 사람들은 이 회사를 간단히 '저지스탠더드^{Jersey Standard}'라고 불렀다. 저지스탠더드는 스탠더드오일에 속한 모든 회사들을 관리하는 지주회사였다. 저지스탠더드는 스탠더드오일에서 분리된 다른 회사들로부터 계속 석유를 대량으로 구입하고 그들이 어려움에 처하면 필요한 자본을 대주며, 에쏘(Esso, 나중에 엑슨이 된다)라는 이름으로 세계 곳곳에 사업체를 세웠다. 결국 이 회사는 1911년에 해체된 스탠더드오일보다 훨씬 더 큰 기업으로 성장했다. 저지스탠더드와 계열사들은 석유산업이 국유화되기 전에 재빨리 산유국으로 진출했다. 그리고 전 세계 37개국에서 70개 정유회사를 운영하는 전성기를 누렸다.

스탠더드오일의 후계자 중에는 저지스탠더드 외에도 규모가 크고 튼튼한 기업이 많았다. 그중에서도 '스탠더드오일오브뉴욕(Standard Oil Company of New York, 소코니Socony로 알려져 있다)'은 분리될 당시 원유를 하나도 갖지 못한 상태였다. 하지만 1920년대 중반에 풍부한 원유를 가진 텍사스 기업을 마그놀리아Magnolia라는 이름으로 사들였고, 1931년에는 윤활유를 전문으로 제조하는 베큐엄Vacuum과 합병했다. 합병 후 회사 이름을 소코니모빌로 바꾸었다가, 결국 모빌이 되었다. 모빌은 7자매 중 가장 작은 회사였다.

'스탠더드오일오브캘리포니아' 역시 스탠더드오일의 우수한 후계자 중 하나였다. 흔히 소캘이라 부르는 이 회사는 캘리포니아의 석유생산자들이 록펠러에서 독립하려다 실패한 결과 생겨났다. 스탠더드오일이 법원으로부터 분리 명령을 받은 덕에 독립하게 되었기 때문이다. 이후 소캘은 석유생산을 전문으로 하는 회사로 거듭났고, 1919년에는 소캘의 석유생산량이 미국 전체 석유생산량의 20퍼센트를 차지했다. 이는 한 회사가 생산하는 양으로는 당시 최고였다.

스탠더드오일의 대표적인 세 후계자인 저지스탠더드, 모빌, 소캘은 각각 독립된 회사로 보기 어려운 면이 많았다. 세 회사의 이사

>>> 세계 석유 대기업인 7자매는 지난 수십 년 동안 전 세계 석유업계를 지배해왔고
지금도 여전히 막강한 영향력을 행사하고 있다.

회에 동시에 이름이 올라간 인물이 많았고, 심지어는 초기 스탠더드오일의 임원이었던 사람도 있었다. 존 록펠러 역시 여전히 세 회사의 핵심 주주로 남아 있었다.

7자매 중 네 번째는 걸프오일이다. 이 회사는 트러스트 금지법 때문에 스탠더드오일이 힘을 쓰지 못했던 텍사스 주에 세워졌다. 이 기업이 출발하게 된 것은 1901년에 텍사스 주에 있는 스핀들탑^{Spin-dletop}의 해변 근처에서 방대한 양의 석유가 발견되었기 때문이다. 이곳에서 처음 솟구친 검은 석유 줄기는 다른 유정보다 두 배는 더 높았다. 걸프오일은 아주 생산성이 높은 회사로 곧 두각을 나타냈고, 미국 남서부 지역에서 생산한 석유가 동부까지 팔리게 되었다.

7자매 중 다섯 번째는 텍사스란 이름으로 출발해 텍사코로 바뀐 석유기업이다. 텍사코 역시 스핀들탑에서 석유가 발견되자 몰려든 자금으로 세워졌다. 처음 텍사스 연료회사를 세운 자금의 절반은 전 텍사스 주지사가 운영하는 단체에서 나온 것이고, 나머지 절반은 뉴욕 자본가들로부터 온 것이었다. 이 회사는 곧 이름을 텍사코로 바꾸었다. 텍사코는 텍사스에서 석유매장지를 더 발견했고, 판매 시장을 전국으로 확대해 스탠더드오일과 치열한 경쟁을 벌였다.

여섯 번째는 영국계 석유회사이다. 런던 출신의 마커스 새뮤얼^{Marcus Samuel, 1853~1927}은 아시아에서 조개껍데기 공예품을 수입해 성공한 사업가의 아들이었다. 처음에는 아버지로부터 석탄산업을 물려받았는데, 곧 석유산업을 해보고 싶은 생각이 들었다. 그는 러시아의 석유에 관심이 많았다. 1873년 초만 해도 러시아 코카서스 지방은 외국 석유탐사회사에 개방되어 있었다.

마커스 새뮤얼은 사업 투자자들과 협력해, 동아시아에 석유를 팔기 위해 시장과 가까운 곳에 저장 탱크를 세웠다. 저장 탱크를 만들 때 특히 신경 쓴 것은, 석유를 실어나를 선박이 수에즈 운하를 통과해 저장고가 있는 곳까지 들어올 수 있는가였다. 그의 노력 덕분에 러시아의 석유는 아시아 시장까지 오게 되었다. 이를 쭉 지켜보던 록펠러는 새뮤얼이 운영하는 회사의 주식을 사들여 그를 쫓아내려 했다. 하지만 새뮤얼은 끝까지 저항하여 1897년에 석유회사 셸Shell을 설립했다. 이 회사의 본부는 영국에 있었다.

스탠더드오일에 맞선 또 하나의 회사는 네덜란드에 본부를 둔 로열더치Royal Dutch였다. 이 회사는 동인도의 수마트라에서 나는 석유를 가공해 팔았다. 셸보다 규모는 작았지만, 라이벌인 영국의 셸을 상대로 벌인 싸움에서 이겼다. 셸은 어쩔 수 없이 1906년에 로열더치와 합병해 로열더치셸이라는 거대 기업이 되었다.

마지막 일곱 번째 역시 영국 기업이었다. 처음에 '앵글로-페르시아Anglo-Persian'라 불렸던 이 회사는 나중에 '앵글로-이란Anglo-Iranian'으로 이름을 바꾸었다. 그리고 마지막에는 BP가 되었다. 7자매 중 다른 6개 기업이 개인 소유인 데 비해, BP만은 영국 정부 소유이다.

1930년대 셸이 운영하던 주유소를 복원한 조형물이다. 1897년 영국에서
시작한 셸은 1906년에 로열더치와 합병해 거대 석유기업이 되었다.

BP의 설립은 영국 해군과 직접적 관련이 있다. 이 시기에 영국과 독일은 긴장 관계로 치닫고 있었다. 독일은 우수한 영국 해군에 맞서기 위해 대양함대를 설립했다. 그러자 영국은 독일의 도전에 맞서 군함부터 더 좋은 것으로 바꾸려 했다. 19세기 말까지 영국 해군은 석탄을 연료로 썼기 때문에 대양의 섬들뿐만 아니라 대륙의 주요 전략지 항구 근처에도 석탄저장소를 두었다. 성능이 더 뛰어난 군함으로 교체하기로 하자, 연료를 석탄에서 석유로 바꾸는 일이 가장 중요한 사안으로 떠올랐다. 이 과정에서 윈스턴 처칠^{Winston Churchill, 1874~1965}을 비롯한 몇몇 지도자들은 안전한 석유공급원을 찾는 것이 시급하다는 것을 알아차렸다.

나중에 BP가 될 회사의 실제적인 창립자는 윌리엄 녹스 다시^{William Knox D'Arcy, 1849~1917}였다. 호주에서 황금을 캐 부를 거머쥔 이 광산업자는 1901년 텍사스에서 석유가 개발될 때 한 지질학자에게 페르시아^(이란)에 엄청난 양의 석유가 매장되어 있다는 이야기를 들었다. 다시는 기회를 놓치지 않았다. 즉시 테헤란에 두 명의 대리인을 파견해 수상과 협상에 들어갔고, 마침내 텍사스보다 두 배나 넓은 땅을 탐사할 수 있는 권리를 얻어냈다.

그러나 윌리엄 다시는 몇 년 동안 석유탐사에 실패했고, 버마오일컴퍼니^(버마에서 석유를 발굴한 회사)로부터 자본을 투자받아야 하는 상황에 이르렀다. 영국 정부의 격려 속에 버마오일컴퍼니는 페르시아 석유개발에 자본을 투자했고, 1908년 드디어 석유를 찾아내는 데 성공했다. 1909년에 다시와 버마오일컴퍼니는 '앵글로-페르시아'란 석유 기업을 세웠다. 영국 정부는 앵글로-페르시아의 자본에 대한 감시를 게을리하지 않았다. 유정을 뚫고 석유를 끌어올리는 현장의 안전을 지키기 위해 군대를 파견할 정도였다. 이 사업이 영국 해군에 아주 중요하다는 것을 잘 알고 있었기 때문이다.

마침내 유정에서 페르시아 만에 위치한 아바단 항구까지 209킬로미터에 이르는 송유관이 건설되었다. 이 항구를 거쳐 앵글로-페르시아가 생산한 석유가 세계시장으로 운송되었다. 중동에서 최초로 시도되었던 기업형 석유탐사는 아주 성공적이었고, 앵글로-페르시아는 세계에서 손꼽히는 거대 기업으로 성장했다.

이후 앵글로-페르시아는 셸과 경쟁을 하다 어려움에 처하자 영국 정부의 보조금을 받기 위해 비밀협상을 가졌다. 당시 해군 참모총장이었던 처칠은 보조금만으로는 무언가 부족하다고 판단했다. 그는 영국 정부가 앵글로- 페르시아의 소유권을 어느 정도 확보해야겠다고 결정하고 이 회사의 지분 절반을 200만 파운느에 사늘이는 일을 추진했다. 이때부터 앵글로- 페르시아는 늘 영국 정부의 통제를 받게 되었고, 누가 사장이 되더라도 영국 정부를 위해 일해야 할 처지가 되었다. 게다가 영국 정부는 이 회사의 이사회 중 두 명을 임명할 권한도 가졌다. 이 두 사람은 해군과 맺는 석유 계약이나 군사 정책과 관련한 결정에 거부권을 행사할 수 있었다.

우리는 필요한 원유 공급원을 일부라도 소유하거나, 어느 정도
통제할 수 있어야 합니다.

- 처칠, 영국 해군 참모총장, 1913년 하원 연설

1999년에는 7자매 중에서 엑슨과 모빌이 합병해 엑슨모빌Exxon Mobil로 거듭났다. 1984년에는 소캘과 걸프가 셰브런Chevron이라는 이름으로 합병했고, 2001년에 셰브런은 다시 텍사코와 합병해 셰브런텍사코Chevron Texaco가 되었다가 현재는 그냥 셰브런으로 불리고 있다. 미국 대법원이 스탠더드오일을 해산한 지 90년 만에, 그 후계자들이 다시 합병하는 움직임을 보이고 있다.

석유 대기업 7자매는 각기 형성 과정도 다르고 강점이나 약점도 다르다. 지난 수십 년 동안 이들은 전 세계 석유업계를 지배해왔고, 21세기에도 여전히 막강한 영향력을 행사할 것이다. 하지만 점점 더 많은 권력을 다른 부문과 나누어 가지게 될 것이다. 예를 들어 기업이 속한 나라의 정부, 산유국의 국영 기업, 세계열강의 정부, 석유업계에서 새롭게 성장하는 기업들과도 치열하게 경쟁해야 한다.

03
석유전쟁

oil 1950년대까지 전 세계에서 가장 많은 석유를 생산하는 나라는 미국이었다. 미국은 전 세계 석유의 52퍼센트를 생산했다. 그러나 1970년대에 들어서면서부터 전 세계 석유의 약 23퍼센트를 생산하는 데 그쳤다. 어쨌든 미국은 자기 땅에서 넘쳐나는 석유로 세계 최고의 경제력과 군사력을 키울 수 있었다. 특히 두 차례의 세계대전은 세계열강의 군사적인 성공에 석유공급 능력이 얼마나 중요한지 분명하게 경험하게 했다. 때문에 미국은 자국과 동맹국들에 석유를 안정적으로 공급하기 위한 노력을 게을리 하지 않았다. 물론 미국 정부만 그런 것은 아니었다. 중동의 석유를 둘러싼 각국 정부와 기업들의 경쟁은 이미 오래전부터 시작되고 있었다.

중동 석유를 탐내는 석유기업들

영국 정부가 통제하는 석유회사인 앵글로-페르시아^(훗날의 BP)의 등장과 함께, 중동을 차지하려는 거대 석유회사들의 경쟁은 더욱 치열해졌다. 미국 석유회사들은 제2차 세계대전이 발발하기 전부터 중동에 매장된 석유를 자유롭게 개발하기 위해 공격적인 선전 활동을 벌였다.

1933년에 소캘은 사우디아라비아와 협상에 들어갔다. 그 결과 사우디아라비아의 가장 동쪽 지역인 페르시아 만 해안에서 장기적으로 석유를 탐사하고 생산할 권리를 얻어냈다. 소캘은 사우디아라비아에 진작부터 눈독을 들이고 있었다. 이미 석유가 발견된 쿠웨이트, 이라크, 페르시아와 토양이 비슷했기 때문이다. 다른 페르시아 만 연안 국가들의 석유탐사권은 이미 유럽의 석유기업들이 나눠 가진 상태였지만, 사우디아라비아의 유망한 지역에는 아직 그들의 손이 닿지 않았다.

사우디아라비아의 국왕 이븐 사우드^{Ibn Saud, 1880? ~ 1953}가 소캘과 협상한 대가는 금화 3만 5,000파운드와 앞으로 벌어들일 수익 중 일부를 가져가는 것이었다. 사우디아라비아가 소캘에게 내준 땅은 세계에서 가장 싸고 쉽게 석유를 끌어올릴 수 있는 매장지였다. 어떻게 보면 그런 보물을 내준 대가치고 3만 5,000파운드는 터무니없

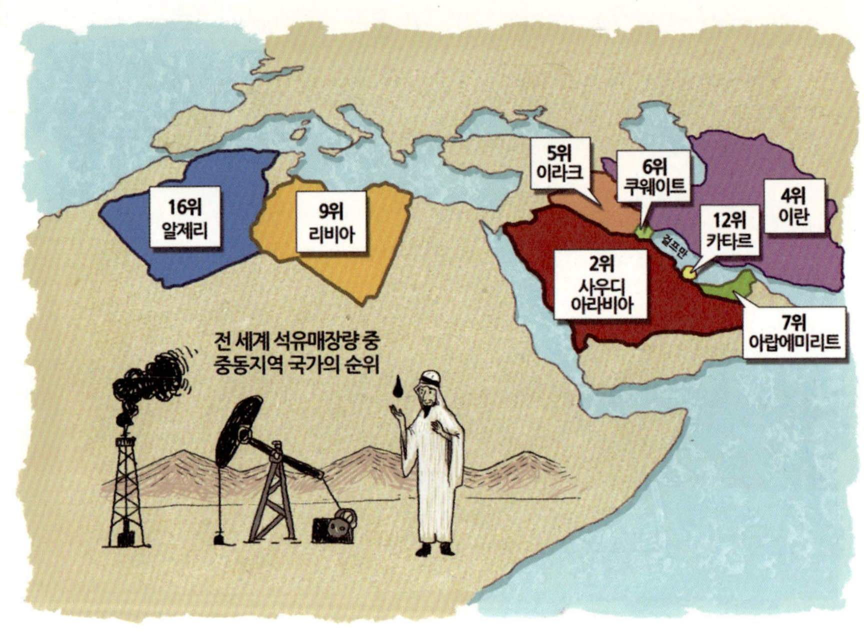

>>> 걸프 만 주변에는 전 세계 석유매장량의 약 48퍼센트가 매장되어 있다.

이 적은 금액이었다.

행운을 거머쥔 소캘은 석유탐사에 필요한 기반 시설을 설치할 자회사를 설립했다. 그리고 얼마 뒤 1938년에 사우디아라비아에서 석유를 발견했다. 석유생산은 이듬해부터 시작되었으나, 제2차 세계대전이 끝나던 1945년까지는 생산량이 그리 많지 않았다. 당시 사우디아라비아의 석유생산량은 미국 내 생산량의 1퍼센트도 되지 않았다.

하지만 미국의 지질학자들은 사우디아라비아의 석유생산량이 당장은 많지 않아도 곧 이곳에서 엄청나게 많은 석유가 생산될 것이라 예측했다. 이에 자극을 받은 미국 정부는 사우디아라비아의 석유에 더욱 큰 관심을 보이기 시작했다. 마침내 미국은 1939년에 사우디아라비아와 정식 외교 관계를 맺고, 1943년에는 전임 대사를 파견했다.

사우디아라비아의 석유를 독점하려는 미국

미국 정부는 세계대전을 치르면서 사우디아라비아의 석유가 미국의 미래에 매우 중요하다는 사실을 절실히 깨달았다. 머지않아 자국 내 석유매장량이 고갈될까 걱정하던 처지였기 때문에, 미국은 석유를 더 확실하게 독점하고 싶었다. 1943년 2월, 프랭클린 루스벨트Franklin Delano Roosevelt, 1882~1945 대통령은 사우디아라비아에 더 많은 무기를 빌려주겠다는 흔치 않은 제안을 했다. 그때까지 무기대여법은 보통 '미국의 방위를 위해 필요한' 이웃 나라가 공격을 받을 때에만 빌려주게 되어 있었다. 그런데 사우디아라비아가 미국의 적이었던 추축국(제2차 세계대전/당시 독일, 이탈리아, 일본의 동맹)의 공격을 받지 않았는데도 무기를 원조해주기로 한 것이다. 루스벨트 대통령은 이처럼 무기대여법을 변칙적으로 적용하면서, "사우디아라비아는 미국의 방위에 아주 중요하다."라고 선언했다.

사우디아라비아 석유의 중요성이 부각될수록 미국은 그에 대한 지배권을 잃어버릴까 봐 전전긍긍했다. 심지어 정부가 사우디아라비아의 석유탐사권을 사들여야 한다는 주장도 나왔다. 하지만 곳곳에서 거센 반대가 일어났다. 석유기업의 주주, 정부의 석유산업 소유를 반대하는 국회의원, 이익을 빼앗길까 두려운 영국 정부까지 모두 들고일어나 강력히 막아섰다. 특히 사우디아라비아가 여전히 자국의 영향권 안에 있다고 생각했던 영국의 반대가 거셌다.

영국 정부는 이미 앵글로-페르시아의 지분을 사들여 지배권을 강화한 상태였다. 미국 정부도 사우디아라비아에 그런 영향력을 가지고 싶었지만, 완강한 반대에 물러설 수밖에 없었다. 하지만 사우디아라비아의 석유를 직접 통제하고자 하는 야심을 포기하지는 않았다.

사우디아라비아의 석유자원은 전 세계에서 가장 뛰어나다. 사
우디아라비아는 미국의 고갈되어가는 석유매장량을 보충하고 대
체해줄 수 있는 나라이다. 이런 잠재력이 적대적인 나라의 손에 들
어가는 것을 막으려면, 미국은 계속 이 나라를 지배해야 한다.

– 미 국무부 문서, 1945년

사우디아라비아의 석유가 세계에서 맡은 중대한 역할은 1946년
~1976년 사이에 있었던 생산량의 급증만 보아도 알 수 있다. 한 해
평균 고작 6,000만 배럴이던 사우디아라비아의 석유생산은 31억
배럴까지 증가했다. 1970년대 중반, 사우디아라비아는 미국, 소련
의 뒤를 이어 세계에서 세 번째로 거대한 산유국이 되었다. 2000년
대에 들어서면서 구소련을 이루었던 국가들이 하루 평균 935만 배
럴의 석유를 생산하며 세계 석유생산의 선두를 달렸다. 그리고 뒤
이어 사우디아라비아가 하루 평균 868만 배럴, 미국이 770만 배럴
의 석유를 생산했다.

중동 석유를 둘러싼 쟁탈전

　　제2차 세계대전이 끝난 직후 미국과 소련 사이의 긴장이 고조되면서 냉전Cold War이 시작되었다. 미국은 소련의 세력이 커지는 것을 막기 위해 체계적인 계획을 세웠다.

　　1947년 해리 트루먼Harry Truman, 1884~1972 대통령이 이른바 트루먼 독트린을 발표한 것이다. 이것은 공산주의의 확대를 막고 자유와 독립을 지키려고 하는 나라에 군사적 · 경제적으로 원조를 한다는 내용이었다. 즉 공산주의의 침략으로부터 민주주의를 지키겠다는 강력한 의지를 드러낸 것이다.

　　공산주의 체제를 강요하려는 공격적 움직임에 대항해 자신들의 자유와 국가를 지키려는 사람을 미국이 기꺼이 돕지 않는다면, 우리는 우리의 목적을 제대로 깨닫지 못하고 있는 것입니다. 직접적이든 간접적이든 침략 행위를 통해 자유 시민에게 공산주의 체제를 강요하는 것은 국제 평화의 기반을 무너뜨리고, 미국의 안보를 침해하는 것입니다. …… 자신들을 지배하려는 외부의 압력과 소수 무장세력에 저항하는 자유민들을 돕는 것이 미국의 정책이 되어야만 한다고 믿습니다.

– 해리 트루먼 대통령의 트루먼 독트린 연설, 1947년

>>> 미국은 자국의 안보가 중동의 석유와 직결되어 있다고 생각했다.

하지만 트루먼 독트린의 이면에는 사우디아라비아를 포함한 중동 산유국들을 소련으로부터 안전하게 지켜 미국의 지배 아래 두겠다는 의도가 깔려 있었다. 마침내 미국과 소련 사이에, 중동 산유국에 대한 지배권을 두고 큰 쟁탈전이 벌어졌다. 최초의 발단이 된 나라는 이란이었다. 제2차 세계대전 중에 소련과 영국은 이란을 점령했다. 이란이 추축국의 손아귀에 들어가지 않도록 하기 위해서였다. 점령 조건은 전쟁이 끝나면 두 나라 모두 6개월 이내에 철수하는 것이었다. 하지만 전쟁이 끝난 뒤에도 소련은 좀처럼 철수할 기미가 없었다. 1946년 봄에 미국의 압박을 받고서야 마지못해 짐을 꾸렸다.

미국은 소련을 철수시키고, 아예 다시는 접근하지 못하게 만들어야겠다고 생각했다. 1946년 10월, 미국 합동참모본부가 국무부에 제출한 서류에는 이렇게 적혀 있었다. "소련 군대를 이란, 이라크 및 근처 중동 국가의 석유자원으로부터 최대한 멀리 떨어뜨려 놓아 영향력을 발휘하지 못하게 해야 한다. 이것은 미국의 전략적 이익을 위해서 반드시 필요하다."

처음에 미국은 소련이 이란에 접근하지 못하도록 막는 데 주력했지만, 서서히 이란의 내정에 간섭하는 것으로 바뀌어 갔다. 1951년, 이란에는 모하마드 모사데크Mohammad Mossadegh, 1880~1967가 이끄는 민족주의 정권이 들어섰다. 그는 석유산업을 국유화하려 했고,

미국과 영국 정부는 이를 막으려고 모사데크 정권을 전복시킬 계획을 세웠다. 결국 이란의 수도에서 폭력 시위가 일어나고 300명에 가까운 사람들이 죽자 모사데크는 물러났다. 이 시위에 미국의 정보기관이 관여했다는 것은 문서로도 확인된 사실이다.

이란에 다시 친서구 정권이 들어서자 석유생산은 1950년대에 비해 급격히 늘어났다. 이로써 이란의 석유는 당시 산업화된 세계경제에 중요한 변화를 일으킬 수 있는 요소가 되었다. 사우디아라비아, 이라크, 쿠웨이트 같은 다른 페르시아 만 연안 국가에서도 석유생산은 증가했다.

석유가 넉넉하게 공급되자 세계적으로 공업 발전이 활기를 띠었다. 석유 가격도 안정적으로 내려갔고, 석유 대기업 7자매들의 사업 기반도 더욱 튼튼히 다져졌다.

석유파동

미국은 자국 석유기업의 이익을 지키기 위해, 페르시아 만 연안 국가들을 정치적으로 안정시키면서 장기적으로 통제하려고 했다. 하지만 이 국가들이 정치적 · 경제적으로 발전하면서 미국의 통제력이 흔들리기 시작했다. 대신에 1960년에 베네수엘라의 주도로 생겨난 OPEC의 힘이 커졌다. 1968년 6월, OPEC 회원국은 석유산업을 보호하기 위해 다음과 같은 몇 가지 목표를 설정했다.

- 산유국 내에 기반을 둔 회사에게 석유개발 우선권을 준다.
- 산유국이 받는 유정 사용료와 세금 수입을 늘린다.
- 산유국 정부가 석유산업의 소유권을 일부 가지도록 한다.

1970년대 초반이 되자 상황이 OPEC에 훨씬 더 유리해졌다. 미국은 그 어느 때보다 수입 석유에 의존하고 있다. 미국에 매장된 석유는 빠른 속도로 고갈되었다. 기존 매장지에서 석유를 좀 더 집약적으로 다시 뽑아내거나 소규모 유전을 개발하는 것은 물론이고, 연안 지역과 알래스카의 유전까지도 개발해야 할 형편이었다. 그런데 이 모든 것에는 많은 투자가 필요했다.

그러던 1973년 이른바 '석유파동'이 일어났다. OPEC 회원국의 변화 요구, 중동의 정치적 혼란, 석유에 굶주린 미국의 요구가 어우러진 결과였다. 그해 가을에 이스라엘과 주변 아랍 국가 사이에 오일쇼크의 계기가 될 전쟁이 터졌다. 하지만 냉정히 바라보면 석유 가격에 커다란 변화가 일어날 조짐은 이미 존재해 있었다.

1950년대에 미국인이 소비하는 석유 중 수입 석유가 차지하는 비중은 10퍼센트에도 못 미쳤다. 하지만 1970년이 되자, 수입 석유가 차지하는 비중이 약 3분의 1까지 늘어났다. 20년 사이에 미국 정부는 석유 수입을 늘리면서 여러 가지를 고려해야 했다. 일단 수입 석유로 국가적인 석유공급을 안전하게 확보해야 했고, 동시에 국내에서 석유를 파는 대기업에도 최대한 손해를 입히지 않아야 했다.

1970년대 초반이 되자, 세계 석유시장에 변화의 바람이 불었다. 1960년대까지는 구매자가 유리했던 시장이었지만, 이제 판매자가 유리한 시장으로 바뀌었다. 수요가 늘었기 때문이다. 미국은 점점 더 많은 석유를 수입했고, 1973년이 되자 미국 내 석유생산은 감소의 길로 접어들었다. 그리고 그해 12월에 세계적인 석유위기가 발생했다.

OPEC 회원국은 유가를 배럴당 1달러 80센트에서 3달러로 인상했다. 또 주요 석유회사로부터 받는 유정 사용료와 세금도 올리기로 했다.

많은 사람들이 1970년대의 유가 상승을 OPEC이 주도하고 미국은 이에 반대했을 것이라고 추측했다. 그러나 이는 지나치게 단순한 분석이다. 실제 상황은 훨씬 더 복잡했다. 베트남 전쟁 동안 미국 경제는 서유럽이나 일본과 벌이는 경쟁에서 위태로운 위치에 서게 되었다. 게다가 국내 석유보유량도 점점 고갈되고 있었다.

이런 어려움을 겪는 미국 정부에게 더 높은 석유 가격은 매력적인 제안이었다. 세계적으로 석유 가격이 올라가면, 그동안 상대적으로 낮은 석유 가격의 이점을 누렸던 유럽과 일본의 경제에는 불리했다. 또 고유가는 미국 내에 남아 있는 석유매장량의 가치도 높여주었다. 따라서 미국 내 석유생산자는 고유가를 환영했다. 사실 석유 가격이 높으면, 자국의 석유를 탐사하고 생산하는 데 더 집중할 수 있는 좋은 자극이 되었다. 그러나 저유가가 계속되면 오히려 중동이나 세계 다른 지역에서 점점 더 석유를 수입하게 된다. 자국 내의 석유를 개발하는 것보다 훨씬 적은 비용이 들기 때문이다. 때문에 미국은 수입 적자가 늘어나게 된다. 따라서 미국 정부는 세계 유가를 적당히 올리는 데 찬성했다. 정부 관계자들은 공공연하게 고유가의 장점을 떠들고 다닐 정도였다.

중동에서 욤 키푸르 전쟁[*]이 일어나기 일주일 전이었다. OPEC 회원국은 오스트리아 빈에 모여 80~100퍼센트의 석유 가격 인상을 협의했다. 곧이어 이스라엘과 주변 아랍 국가 사이에 전쟁이 일어났다. 2주간의 충돌에서 이스라엘은 필수적인 군사 장비의 부족에 시달렸다. 그러자 미국은 동맹국인 이스라엘을 돕기 위해 필요

1973년 10월 6일 욤 키푸르(유대교의 속죄일)에 이집트와 시리아가 이스라엘을 침공한 전쟁을 말한다. 20일간 지속된 전쟁의 결과, 골란 고원으로 중심으로 형성된 휴전선에 유엔군이 주둔하게 되었다. 아랍 국가들은 잃어버린 땅을 찾는 데 실패하고 군사적으로도 큰 피해를 입었지만, 전쟁 초기에 기습공격으로 이스라엘을 제압했던 경험 덕분에 그동안 패전으로 상처 받았던 민족적 긍지를 회복하였다.

한 물자를 재빨리 공수했다. 이스라엘이 미국의 도움으로 무기와 장비를 보충하자, 대부분 OPEC 회원국인 아랍 국가들은 분노했다. 이들은 미국에 석유를 판매하지 않고 석유 가격을 올리겠다고 발표했다.

일단 석유 가격이 오르기 시작하자 미국 정부가 원했던 것보다 훨씬 더 큰 오일쇼크가 일어났다. 석유 가격이 두 번 정도 급격히 오르면서 배럴당 약 3달러에서 11달러로 뛰었다. 기업들은 급격히 오른 생산비를 제품 가격에 그대로 반영했다. 소비자들은 교통비, 난방비, 자동차 유지비 등이 한꺼번에 올라 힘겨운 상황에 봉착했다. 세계 주요 산업국가들은 큰 타격을 입었고, 세계경제는 크게 휘청거렸다.

사실 석유파동은 석유와 관련된 3대 주요 선수들의 줄다리기 결과였다. 여기서 3대 주요 선수란 OPEC 회원국들, 주요 석유회사들 그리고 미국 정부이다. 이 세 참가자들은 상호보완적이면서도 모순된 이해관계를 가지고 있었는데, 이들의 이해관계가 뒤바뀌면서 석유 가격이 급격히 오른 것이다.

산유국의 성장과 출렁이는 유가

　석유파동 이후, 산유국의 지위는 대폭 개선되었다. 그동안 미국과 영국 정부 그리고 7자매가 중동의 석유산업을 지배했다면 이제 중동 국가들은 이전보다 큰 힘을 쥐고, 7자매에게 석유 배급업자로서의 역할만 하도록 압박하며 석유산업의 소유권을 장악하려 했다. 석유 가격이 계속 오르면서, 막대한 유정 사용료와 세금도 사우디아라비아, 이란, 이라크 등과 같은 산유국 정부로 흘러들어갔다. 산유국들은 이 돈으로 군대를 키우고, 사회기반시설을 마련했다.

　하지만 이 시기에 7자매가 얻은 이익도 만만치 않았다. 산유국의 입장이나 주변 상황이 훨씬 복잡해졌음에도 불구하고, 과거에는 꿈도 꾸지 못한 수익을 올렸다. 1973년에 엑슨이 미국에서 올린 영업이익은 단지 16퍼센트 증가했지만, 동반구^(대부분 중동)에서 올린 영업이익은 믿기 어렵게도 83퍼센트나 증가했던 것이다. 다른 여섯 회사도 모두 마찬가지였다.

　그러나 석유파동 이후 한동안 지속되던 평화는 그리 오래가지 못했다. 이란혁명이 일어났기 때문이다. 미국과 가까웠던 이란의 샤 국왕 정권이 무너졌다. 새로운 지도자는 이슬람공화국을 세우기 위해 프랑스에서 긴 망명생활을 마치고 돌아온 아야톨라 호메이니^{Ayatollah Khomeini, 1902~1989}였다. 새로운 이란 정권은 뚜렷한 반미세

>>> 1973년 1차 석유파동으로 유가는 3달러에서 11달러로 크게 뛰었다.

력이었다. 이란 학생들은 정권의 동조를 등에 업고 테헤란의 미대
사관에 침입해 직원을 인질로 잡는 사건을 일으켰다. 반미주의가
격렬하게 드러난 사건이었다. 이란의 인질사건은 미국의 지미 카터
Jimmy Carter, 1924~ 정부에 치명적인 타격을 주어 다음 대통령선거에
서 그를 낙선시켰다. 또한 호메이니 정권이 들어서면서 시작된 이
란의 정치적인 혼란은 이 나라에서 세계 여러 공업국가로 운송되는
석유의 흐름을 방해했다. 1978년 11월과 1979년 6월 사이에 감소
한 석유생산량은 하루 평균 200~250만 배럴에 이르렀다. 심지어
한때는 생산이 거의 중단되기도 하면서 석유 가격은 어느새 두 배
로 뛰었다.

　1980년 9월, 이라크가 이란*을 공격했다. 8년간 100만여 명의
목숨을 앗아갈 피비린내 나는 전쟁이 시작된 것이다. 미국은 처음
에는 이라크에 독재정권이 들어서기를 바라며 사담 후세인Saddam

이란 - 이라크는 모두 이슬람 국가이지만, 아랍족이 대부분인 이라크는 수니파를 신봉하고, 페르
시아 민족이 대부분인 이란은 시아파를 신봉한다. 이런 종교적·민족적 차이에서 오는 깊은 갈등
과 국경 분쟁은 결국 전쟁으로 이어졌다.
1979년에 이란에 페르시아 민족의 번영과 독립을 내세우는 호메이니 정권이 들어서자, 이들은
압도적인 군사력을 배경으로 이라크가 차지하고 있는 국경 지역을 장악하려 나섰다. 하지만 이
라크는 이를 용납하지 않고, 1980년 9월에 먼저 이란을 공격했다.
이란과 이라크는 스커드 미사일을 쏘아 서로에게 큰 피해를 입힌 뒤, 유엔의 중재로 간신히 전쟁
을 끝냈다. 그러나 두 나라 모두 전쟁을 치르면서 힘을 잃었고, 중동 지역의 패권은 사우디아라비
아와 쿠웨이트로 넘어갔다.

 이 이끄는 이라크 편에 섰다. 전쟁 초기에는 인구가 더 많은 이라크가 우세했다. 하지만 이란은 열악한 상황 속에서도 포기하지 않고 군대를 동원하며 전쟁을 질질 끌고 갔다. 결국 이란-이라크 전쟁 이후 경제가 파탄난 이라크는 세계 석유시장을 좌지우지하기 위해 이번에는 쿠웨이트를 침략했다.

이란 혁명의 결과 갑자기 치솟았던 세계 석유 가격은 몇 년 후 다시 가파르게 내려갔다. OPEC은 이를 막기 위해 석유생산량을 줄이려고 노력했다. 하지만 나이지리아와 북해의 유럽 국가들이 계속 석유생산량을 늘리고 있었기 때문에 시장은 여전히 석유공급이 넘쳐나는 상태였다.

이때 사우디아라비아가 '스윙프로듀서Swing Producer' 역할을 자처하고 나섰다. 스윙프로듀서란 막대한 석유매장량과 생산능력을 이용해 석유공급량을 자체적으로 줄이거나 늘리면서 시장의 안정을 꾀할 수 있는 산유국을 말한다. 사우디아라비아는 자국의 석유생산량을 하루 200만 배럴로 억제했다. 하지만 1985년 여름이 되자 사우디아라비아 정부는 스윙프로듀서의 역할에 비용이 너무 많이 든다고 결론 내렸다. 그리고 다른 OPEC 회원국이 할당된 생산량을 지키도록 압박하기 위해 자국의 생산량을 늘리기로 결정했다. 사우디아라비아가 생산량을 늘리자 석유 가격은 배럴당 10달러 아래로 떨어졌다.

결국 할당량을 줄이고 가격을 인상하려는 OPEC 회원국의 노력은 실패로 돌아갔다. 1991년에 일어난 이라크의 쿠웨이트 침공과 걸프 전쟁*으로 인해 유가가 잠시 오르는 듯했지만 미국과 동맹국들이 이라크를 쿠웨이트에서 몰아내자, 유가는 또다시 떨어졌다. 1994년 인플레이션을 감안해 석유 가격을 조정하자, 세계 유가는 1973년 석유파동 이래 최저 수준까지 떨어졌다.

한편 1990년대 후반이 되자, 동아시아의 경제가 놀라운 성장을 거듭했다. 그 덕분에 세계 석유소비량은 하루에 620만 배럴이나 추가로 상승했고, 유가도 어느 정도 다시 올랐다. 그러나 곧 아시아에 심각한 경제 위기가 닥치면서, 이런 회복세는 주춤했다.

하지만 그것도 잠시, 아시아 경제는 위기를 극복하며 다시 성장하기 시작했고, OPEC 회원국들도 석유생산량을 하루 평균 300만 배럴 정도 줄이기로 합의했다. 이런 노력 끝에 유가는 1배럴당 25달러 이상으로 올랐다.

이라크는 전쟁 기간 동안 서방 국가로부터 원조 받은 무기와 지나치게 몸집을 불려놓은 병력을 주체하지 못하고 걸프 전쟁을 일으켰다. 걸프 전쟁은 1990년 8월 이라크가 쿠웨이트를 침공하면서 시작되었다. 미국과 서방 국가들은 이 지역의 석유에 크게 의존했기 때문에 이런 혼란을 그냥 두고 보지 않았다. 이들은 유엔의 이름으로 이라크에 쿠웨이트에서 즉각 철수하도록 요구했다. 하지만 이라크가 이를 무시하고 쿠웨이트를 점령하자, 미국을 중심으로 한 다목적군은 대공습을 단행했다.

2000년 이후 세계 석유시장에 새로운 요인들이 등장하면서 유가가 출렁였다. 러시아가 석유생산량을 급격히 늘렸고, 미국 경제가 침체기에 접어든 것이다. 이 두 가지 요인 때문에 석유 가격은 일시적으로 다시 떨어졌다. 그러자 OPEC 회원국들은 힘을 모아 자신들의 생산량을 줄여 석유 가격이 떨어지는 것을 막아보려 했다. 하지만 2001년 9월 11일에 미국에서 발생한 대규모 테러 공격[*]으로 유가는 또다시 급락했다.

2002년 초 심각한 위기에 몰렸다고 판단한 OPEC 회원국은 다시 석유생산을 줄였고, 여기에 러시아도 동참했다. 그 후 세계 유가는 아주 빠르게 치솟았다. 유가는 다시 배럴당 25달러가 되었다. 또한 주요 산유국인 베네수엘라에서 정치적 갈등이 일어나자 석유생산량이 더 줄어들었다.

이후 중국과 인도를 선두로 아시아 국가들이 점점 더 많은 석유를 수입하자 석유 부족 현상은 더욱 심해졌다. 세계 유가는 배럴당 40달러를 지나 80달러까지 가파르게 올랐고, 2008년이 되자마자 100달러를 넘어섰다. 수요 급증으로 인해 폭등하기 시작한 유가는

이슬람 원리주의 테러 조직이 미국 동부에서 항공기 4대를 납치해 벌인 사건이다. 미국 뉴욕의 110층짜리 쌍둥이 빌딩과 워싱턴의 국방부 건물에 항공기가 충돌하면서 3,000명 이상이 목숨을 잃었다. 흔히 9·11테러라 부른다.

그해 7월에 사상 최고가인 144달러를 기록했다.

그러나 그해 가을, 투자은행인 리먼브라더스홀딩스^{Lehman Brothers} Holdings가 미국 역사상 최대 규모의 기업 파산을 맞으면서 글로벌 금융 위기가 닥쳤다. 이 영향으로 유가는 급락을 거듭해 12월에는 33달러까지 굴러떨어졌다. 이후 꾸준한 상승세를 보여 113달러까지 올랐고, 현재까지도 100달러 선에서 오르락내리락하고 있다.

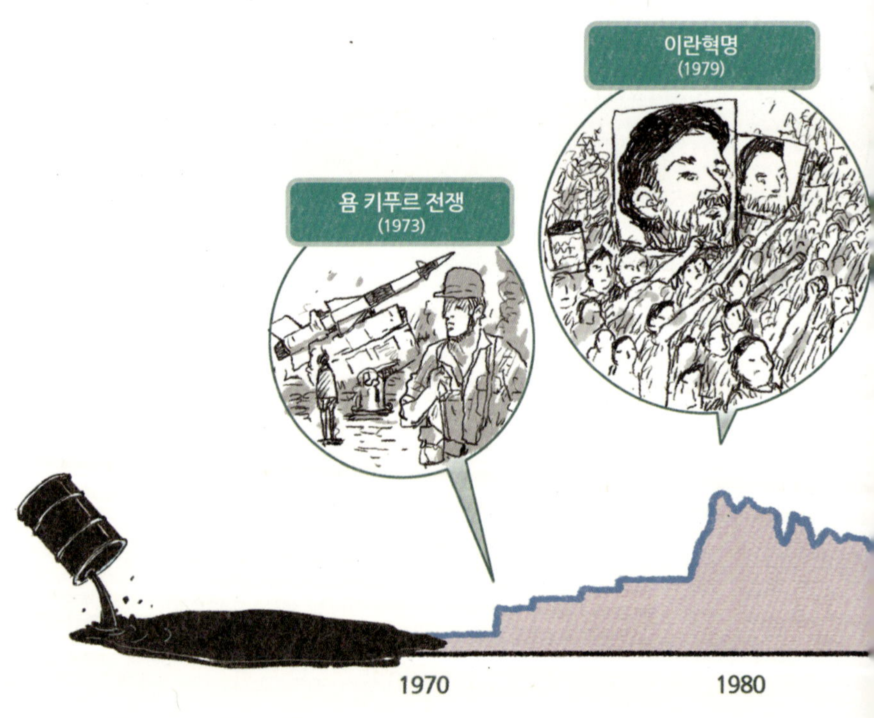

>>> 1970년대부터 지금까지 유가는 전쟁이나 테러 등
국제정세에 따라 크게 출렁이곤 했다.

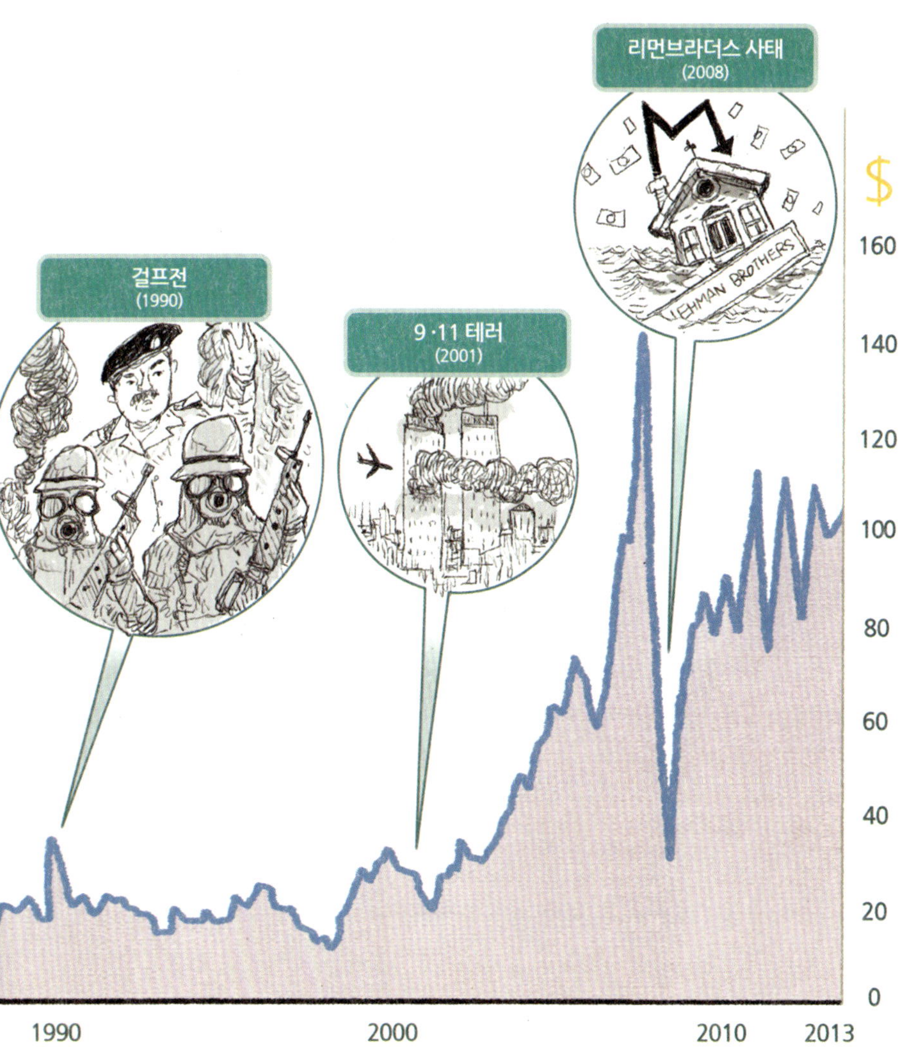

걸프전
(1990)
9·11 테러
(2001)
리먼브라더스 사태
(2008)
LEHMAN BROTHERS
$
160
140
120
100
80
60
40
20
0
1990
2000
2010
2013

중동의 석유와 끊이지 않는 전쟁

유가가 유례없이 오르자, 전 세계적으로 미래의 산업사회에서 발생할 석유 부족 현상에 대한 격렬한 논쟁이 일어났다. 이런 논쟁은 1970년대 초반 이후 처음이었다. 석유에 대한 논쟁은 언제나 중동의 정치적인 문제가 관련되어 있었다. 하지만 오늘날에는 여기에 미국의 세계 정책까지 관련되었다.

미국은 프랭클린 루스벨트 대통령이 1945년 사우디아라비아 국왕과 협상한 후 채택한 정책을 계속 이어갔다. 자국의 안보가 중동의 석유와 직결된다고 생각한 미국은 사우디아라비아와 맺은 동맹으로 페르시아 만 전체의 지배권을 가지려 했다. 하지만 사우디아라비아에서 미국의 입지가 점점 흔들리게 되면서, 그것을 보충할 무언가가 필요해졌다. 미국의 지도자 중 몇몇은 이라크를 침략해 미국의 영향력을 좀 더 키우자고 주장했다. 그들은 이라크를 점령하면 페르시아 만에 주둔한 미국의 세력이 강화될 수 있다고 믿었다. 또 이라크가 미국의 노선을 따라 새로운 정부를 구성하면, 모범적인 민주주의 국가가 될 수 있다고 설득했다. 무엇보다 새롭게 들어서는 세속적인 정부는 종교와 정치의 일치를 주장하는 이슬람 원리주의를 따돌리고, 종교를 개인적 문제에 머물게 할 것으로 보였다. 또 친미 정권은 이라크에 미군 기지를 두도록 도와 중동에 대한 미국의 지배권을 확실히 다져줄 것으로 믿었다.

2003년 미국은 드디어 9·11 테러를 응징하고 사담 후세인의 대량 살상 무기를 제거한다는 명분으로 이라크를 공격했다. 물론 배후에 가려진 또 다른 이유는 이 지역의 막대한 석유매장량을 감시하고, 이것이 적국의 손에 들어가지 않도록 막는 것이었다.

걸프 전쟁에서 이미 큰 타격을 입은 이라크는 미군과 동맹군의 대규모 공격을 막아낼 힘이 없었다. 전쟁 시작 3주 만에 이라크는 완전히 항복했지만, 전쟁이 끝난 후에도 미국이 기대했던 안정을 찾지 못했다. 미국의 침략은 문제를 해결하기보다는 오히려 더 많은 문제를 일으켰다. 2006년 봄부터 이라크에서 내전이 일어나면서 이라크 사태는 복잡할 대로 복잡해져 미국이 통제하기에는 벅찬 사안이 되었다. 미국에서는 이라크에 파견된 군대를 철수시켜야 한다는 목소리가 점점 높아졌다.

이라크에는 1,414억 배럴의 석유가 매장된 것으로 확인되었는데, 이곳의 석유는 다른 자원에 비해 생산 비용도 아주 저렴해 석유시장에서 좋은 공급처가 될 수 있었다. 하지만 이라크의 성세가 혼란스러워지자 석유생산량도 감소했다. 사담 후세인이 쿠웨이트를 침략하기 전 이라크의 하루 평균 석유생산량은 350만 배럴이었다. 하지만 230만 배럴까지 떨어졌다가 미국에 점령당한 지 3년이 지난 2005년 190만 배럴까지 내려갔고, 2012년에 이르러서야 300만 배

바그다드 유전지대의 불길 위로 날아가는 미군의 헬기.
미군은 이라크 내에서 철수할 것을 선언했지만,
중동의 석유에 대한 관심은 여전하다.

럴 가까이로 회복되었다.

2006년 가을, 이라크가 석유생산국으로서 잠재능력을 충분히 발휘하지 못하고 있을 때 또 하나의 문제가 터졌다. 이란이 미국의 반대를 무릅쓰고 우라늄응축실험을 고집했던 것이다. 이란은 원자력 발전을 위해서 우라늄응축실험을 하는 것뿐이라고 주장했다. 하지만 미국은 이란의 진정한 목표가 핵무기 제조라고 판단했다. 유엔 안전보장이사회는 이란에게 핵응축실험 중단을 요구하는 결의안을 넘겼다. 하지만 상임이사국인 러시아와 중국은 이란에 심각한 경제적 제재를 가하는 데 동의하지 않았다. 마침내 미국이 무력을 써서라도 이란의 핵 실험을 중단시키겠다고 선언하자 긴장은 고조되었다. 전문가들은 미국이 이스라엘과 함께 이란의 핵 시설에 공습을 개시할까 염려했다.

만약 그런 공습이 실현되었다면, 이란의 석유가 세계시장으로 흘러들어오는 길은 틀림없이 방해받았을 것이다. 미국이 공습하면 이란은 중동의 석유를 수출하는 통로인 페르시아 만의 좁은 수로를 차단하려 들 것이기 때문이다. 그리고 그런 움직임은 곧 석유 가격의 폭등으로 이어질 것이다.

미국 국민들은 이라크전에서 이길 때까지 장기전을 펼친다는 정부의 생각에 반대했다. 결국 2006년 말이 되자 미국의 이라크 점령군은 소수의 병력만을 남기고 철수했다. 2011년 12월에는 이라크

전 시작 9년 만에 미군의 완전 철수가 이루어졌다. 이 일로 60년 이상 미국 정책의 핵심이 되어온 페르시아 만 지배는 더욱 불확실해졌다. 하지만 미국은 이 중요한 석유생산지에서 완전히 철수할 의도가 전혀 없었다. 군대를 좀 더 안전한 쿠웨이트로 옮겼을 뿐이다. 이곳에서도 이라크와 페르시아 만의 다른 국가들을 충분히 감시할 수 있기 때문이다.

04

석유개발을 향한 각국의 경쟁

oil 1991년 소련이 붕괴하자 제2차 세계대전 후 서유럽을 괴롭히던 커다란 군사적 위협이 사라졌다. 러시아와 유럽 사이의 모든 문제가 완전히 해결된 것은 아니었으나, 러시아는 유럽에서 석유와 천연가스의 중요한 공급지로 떠올랐다.

부유한 유럽은 주요 석유공급원인 러시아가 지난 수십 년 동안 경제적으로나 사회적으로 혼란스러운 시기를 보내는 것을 조심스럽게 주시해왔다. 러시아의 혼돈을 가장 잘 보여주는 것은 불안정한 송유관 시스템이다. 유럽은 이 송유관으로 러시아에서 석유와 천연가스를 끌어오는데, 송유관 관리가 제대로 안 돼 곳곳에서 기름이 새고 있다. 얼마나 심각하냐면, 어떤 곳에서는 송유관 주변을 따라 기름이 강처럼 흐르고 있는 지경이다.

카스피 해를 둘러싼 분쟁

세계열강은 자국에 필요한 석유를 얻으려고 치열한 경쟁을 해왔다. 특히 다른 나라에 있는 석유에 대한 지배력을 키우는 것은 중요한 문제였다. 이들의 관심은 전 세계에서도 특히 두 지역에 집중되었다. 첫 번째 지역은 3장에서 이미 살펴본 페르시아 만(중동)이고, 두 번째 지역은 카스피 해 근처의 석유매장지이다. 이곳에는 현재 주요 석유생산지가 세 곳이 있다.

카스피 해는 아시아와 유럽 사이에 있는 세계에서 가장 큰 호수인데, 바다와 호수의 성질을 모두 지니고 있어 바다인지 호수인지가 늘 논쟁거리다. 뿐만 아니라 세계열강이 눈독을 들이고 있는 석유매장지이기도 하다. 이곳은 석유매장량이 풍부해 중동의 석유공급이 끊길 경우 훌륭한 대안이 될 수 있다. 세나가 대부분의 석유 산지에서 생산량이 줄고 있는 데 비해 카스피 해의 석유생산량은 꾸준히 늘고 있다. 아무래도 개발을 시작한 지 얼마 되지 않았기 때문일 것이다. 현재 카스피 해에는 페르시아 만과 서시베리아에 이어 세계에서 세 번째로 많은 석유와 천연가스가 묻힌 것으로 보인다.

　카스피 해를 바다로 볼 것인지 호수로 볼 것인지에 관한 논쟁은 사실 자연지리학적인 순수한 관심에서 출발한 것이 아니다. 카스피 해가 바다인지 호수인지에 따라 주변 국가들이 자원을 소유할 수 있는 권한이 달라지기 때문이다. 카스피 해가 호수라면, 연안 국가들만 자유롭게 항해하거나 이용할 수 있다. 하지만 바다라면, 해안선으로부터 12해리(약 22km. 해리는 항해·항공 등에 사용되는 길이 단위. 1국제해리＝1,852m이다.)를 벗어난 곳에서는 전 세계 국가가 자유롭게 항해할 수 있다.

　이러한 상황은 소련이 붕괴되고 나서 더욱 복잡해졌다. 카스피 해 연안국이 러시아, 카자흐스탄, 아제르바이잔, 투르크메니스탄, 이란 등 모두 5개국으로 늘어났기 때문이다. 현재 러시아, 카자흐스탄, 아제르바이잔은 호수와 접한 각국의 해안선 길이에 따라 영유권을 나누자고 주장하고 있다. 하지만 이란과 투르크메니스탄은 호수의 영유권을 5개 국가가 똑같이 나눠야 한다고 주장한다.

　카스피 해 주변국 가운데 가장 큰 석유생산지는 러시아다. 2013년에 러시아가 하루에 생산한 석유의 양은 1,044만 배럴이었고, 이는 세계 석유생산량의 약 11퍼센트이다. 사우디아라비아와 미국의 뒤를 이어 세계에서 세 번째로 많은 석유를 생산하고 있는 셈이다. 게다가 러시아는 세계에서 가장 많은 양의 천연가스도 보유하고 있다.

>>> 바다냐 호수냐에 따라 자원의 소유 권한이 달라지기 때문에,
카스피 해는 지금도 논쟁거리다.

러시아 다음으로 중요한 곳은 카자흐스탄이다. 이곳에는 300억 배럴의 석유가 매장되어 있고, 하루 생산량은 약 160만 배럴이다. 세 번째는 아제르바이잔으로 총 70억 배럴이 매장되어 있으며, 하루에 93만 배럴을 생산한다.

소련이 무너지면서 서구 열강이 카스피 해 주변으로 접근할 수 있는 새로운 길이 열렸다. 미국, 러시아, 중국 외에 유럽도 이곳의 석유매장지에 영향력을 행사하려 하고 있다. 급성장하고 있는 중국은 물론이고, 유럽도 자동차와 난방, 산업에 필요한 석유와 천연가스량이 더 많아졌기 때문이다.

여전히 주요 강대국으로 남아 있기 위해 분투 중인 러시아에 막대한 석유와 천연가스는 비장의 무기이다. 2002년에는 석유와 천연가스가 러시아 수출량의 55퍼센트를 차지했다. 러시아 정부는 석유산업으로 국가의 전체 소득 중 40퍼센트나 되는 수익을 냈다. 이처럼 석유와 천연가스 같은 에너지 자원은 러시아의 어두운 경제 상황에 밝은 빛이 되고 있다.

카스피 해 지역의 석유를 둘러싼 분쟁은 정부를 타도하기 위한 정치적 움직임이나 무기 밀매와도 관련이 있다. 주요 석유회사들은 잠재적으로 한몫 크게 챙길 수 있는 쪽의 편을 들어 이익을 얻으려 하기 때문이다.

석유를 시장까지 운반하는 송유관을 둘러싸고도 다툼은 끊이지 않는다. 러시아는 아제르바이잔에 매장된 석유를 자국의 송유관 시스템을 이용해 시장으로 운반하기를 원한다. 하지만 미국은 카스피해 지역의 석유가 러시아 송유관을 지나가는 데 반대하는 입장이다. 그래서 러시아 송유관이 지나가지 않는 그루지야와 터키에 송유관을 건설하고 싶어했다. 터키는 미국의 충실한 동맹국이자, 북대서양조약기구North Atlantic Treaty Organization, NATO의 회원이기도 하다.

미국은 카스피 해 주변의 석유를 자신이 원하는 송유관으로 터키의 지중해 항구까지 끌어올 계획을 세웠다. 그곳에서 석유를 대형 선박에 실어 자국은 물론이고, 세계시장으로 가져갈 수 있기 때문이다. 1990년대 후반에 미국과 영국, 일본과 터키 정부는 함께 이 프로젝트를 추진하기로 했다. 그리고 2005년 5월에 드디어 아제르바이잔의 바쿠, 그루지야의 트빌리시, 터키의 세이한을 연결하는 BTCBaku-Tbilisi-Ceyhan 송유관이 개통되었다. 총 길이가 1,776킬로미터에 이르는 이 송유관을 이용해 바쿠에서 지중해까지 석유가 흘러간다. 아제르바이잔의 국영 석유기업들은 물론이고, 영국의 대표적인 석유기업인 BP를 필두로 영국, 프랑스, 미국, 이탈리아, 일본, 노르웨이의 석유회사들이 모두 이 송유관을 이용하고 있다.

BTC 송유관 건설은 경제적으로나 정치적으로도 큰 모험이었다. 현재 이 송유관은 미국의 보호를 받고 있다는 안전성과 이란을 통과하는 것보다 짧은 경로 때문에 선호되고 있다. 그런데 BTC 송유

>>> 2005년 5월부터, BTC 송유관을 타고
바쿠에서 지중해까지 석유가 흘러가고 있다.

관 건설보다 훨씬 더 큰 모험을 필요로 하는 문제가 있었다. 바로 카스피 해 지역에서 가장 큰 석유 생산지 가운데 하나인 카자흐스탄의 석유를 어떻게 시장으로 운송할 것인가 하는 문제였다.

미국은 카자흐스탄과 주요 석유회사들이 카스피 해 밑을 지나가는 송유관을 설치해 BTC 송유관과 연결시켜야 한다고 주장했다. 그렇게 되면 카자흐스탄의 석유가 러시아 송유관을 지나지 않고 터키의 지중해 항구까지 올 수 있기 때문이다. 현재는 카자흐스탄의 석유가 러시아 송유관을 통해 시장에 공급되고 있지만, BTC 송유관에 연결시키자는 제안도 구체적으로 추진되고 있다.

카스피 해는 미국, 유럽연합, 러시아와 아시아 열강의 이해관계가 충돌하는 곳인 만큼 새로운 송유관들이 복잡한 노선을 그리며 건설되고 있다. 경제적으로는 카스피 해를 통과하는 해저 송유관 건설이 가장 이상적이지만, 카스피 해를 둘러싼 영유권 문제와 환경오염 때문에 실현되기는 어렵다.

석유를 무기로 삼는 러시아

러시아는 법률상 외국 기업이 석유사업에 참여하는 것을 용인하는 나라이다. 하지만 외국 기업에 불리한 규정과 세금 제도를 두어 자국의 석유기업들을 보호하고 있다. 게다가 현재 러시아를 이끄는 푸틴Vladimir Putin, 1952~ 정권은 석유산업을 민간 기업의 손에서 빼내 다시 국영화하려 애쓰고 있다.

러시아 정부와 기업 간의 갈등은 2003년에 가장 심각했다. 러시아 최대의 석유기업 유코스Yukos의 회장이 체포되었기 때문이다. 회장의 죄명은 탈세였다. 이 사건 직후 유코스의 자산 중 상당 부분이 실제 가치보다 훨씬 싼 가격으로 러시아 국영 석유기업인 로즈네프트사Rosneft에 팔렸다. 2006년에 유코스는 파산 선고를 받았고, 로즈네프트사는 푸틴 대통령의 지지 아래 점차 영향력을 넓혀갔다. 그리고 2013년 3월, 로즈네프트사는 BP의 러시아 합작 회사인 TNK-BP의 지분을 모두 인수했다. 이로써 러시아 석유생산량의 40퍼센트를 차지하는 세계 최대 석유기업으로 자리매김했다.

외국 기업도 푸틴 대통령의 압박에서 벗어나지 못했다. 2006년에 셸오일사가 이끄는 석유기업협력단은 개발 중인 프로젝트의 지분 대부분을 러시아 국영기업인 가스프롬Gazprom에 팔라는 압력을 받았다. 그 프로젝트는 시베리아 동해안에서 천연가스를 개발하는 200억 달러짜리 대규모 사업이었다. 또 바이칼 호Lake Baikal와 바렌츠 해Barents Sea 근처에서 천연가스 매장지를 개발하는 영국과 프랑스 기업에 대해서도 심하게 간섭했다. 이 모든 일은 러시아 정부가 자국 내 석유 관련 산업을 마음대로 통제하려 한 데서 비롯되었다.

게다가 러시아는 자국의 석유와 천연가스에 의지하는 주변국에도 더 큰 영향력을 행사하려 하고 있다. 2007년 1월, 러시아는 주변국의 동의 없이 벨로루시로 가는 송유관을 3일간이나 닫아버렸다. 천연가스 가격을 올리기 위해서였다. 2006년에도 천연가스 가격을 올리기 위해 우크라이나로 가는 천연가스 운송을 잠깐 중단한 적이 있었다. 우크라이나에서 서쪽으로 나가는 천연가스 운송 노선은 유럽 국가에 연료를 제공하는 중요한 통로인데, 러시아가 갑자기 이 길을 틀어막자 유럽은 충격에 빠졌다.

러시아로부터 천연가스를 가장 많이 수입하는 유럽 국가는 독일이다. 러시아가 우크라이나로 가는 천연가스 운송을 중단하자 혹한의 겨울을 보내고 있던 독일 국민들은 공포에 떨어야 했다. 언제 갑자기 연료공급이 중단될지 몰랐기 때문이다. 러시아가 천연가스를 다시 내보내겠다는 발표가 있을 때까지, 유럽의 천연가스 가격은 폭등했다.

이 일을 계기로 유럽은 러시아에 대한 의존도를 낮추기 위해 노력했고, 미국으로부터 셰일가스를 수입하거나 자체적으로 셰일가스를 개발하는 중이다. 그러자 러시아는 천연가스 가격을 낮추며 저자세를 보이고 있지만, 여전히 에너지 자원 강국으로 영향력을 발휘하고 있는 것만은 사실이다.

유럽 주요국가의 다양한 에너지 정책

유럽은 석유와 천연가스의 절반을 수입해서 쓴다. 가장 손쉽게 구할 수 있는 북해*의 석유는 2030년경이면 바닥날 것으로 보이기 때문에 이후에는 필요한 석유의 90퍼센트 정도를 수입해야 한다. 게다가 석유 가격이 크게 올라 누구나 에너지에 대한 위기감을 느낄 수밖에 없다. 그런데 유럽연합의 에너지 위기에 대처하는 방법은 나라마다 조금씩 다르다. 예를 들어 독일은 원자력발전소의 비중을 점점 줄이기 위해 노력하고 있으므로 단기간 동안은 수입 석유에 더 많이 의존하게 될 상황이다. 반면, 프랑스는 앞으로 필요한 전기 중 80퍼센트를 원자력발전으로 생산하면서 석유 사용을 줄여갈 계획이다. 이처럼 유럽의 주요 국가는 에너지 대책을 유럽연합 전체가 아닌 각 나라별 문제로 다루고 있다.

영국 – 북해의 석유와 재생 에너지

영국은 7자매 중 셸과 BP를 설립하는 데 결정적 역할을 했다. 20세기 동안, 영국 정부는 자신이 소유한 BP뿐만 아니라 다른 주요 석

북해의 석유매장지는 대부분 노르웨이, 영국, 덴마크가 소유하고 있다. 이곳에는 모두 99억 배럴의 석유가 묻혀 있는 것으로 예상되며, 이것은 전 세계 총 매장량의 0.6퍼센트 정도이다.

유회사들과 힘을 모아 영국 해군이나 국민이 필요로 하는 석유를 공급하기 위해 노력했다. 영국이 멕시코뿐만 아니라 이란을 비롯한 중동 지역에 진출한 것도 다 석유 때문이었다.

영국은 지난 수십 년 동안 바다 건너에서 수입해오는 석유에 의존했다. 그러다 마침내 북해의 석유를 발견했다. 북해에서 많은 석유가 생산되자, 스코틀랜드 북부 도시인 애버딘은 부유한 석유도시로 거듭났다. 이곳에서 쏟아져 나오는 석유 때문에 1980년대 초에는 세계시장에 석유가 남아도는 현상이 벌어지기도 했다. 이때 OPEC은 큰 타격을 받아 힘이 약해졌고, 세계 유가도 많이 떨어졌다.

북해의 석유는 1999년에 하루 450만 배럴이 생산되면서 최고조에 달했다. 하지만 2006년에는 생산량이 하루 290만 배럴로 떨어졌으며, 계속 낮아지고 있다. 최근에 석유 가격이 크게 오르자 북해에서는 새로운 유전을 찾는 탐사가 집중적으로 이뤄지고 있다. 발굴 비용은 육지보다 높지만 새로운 석유매장지들이 속속 발견되고 있다. 그러나 전문가들은 북해 석유의 생산량이 이미 최고점을 지났기 때문에 세속 줄어들 것이라 예상한다.

영국은 현재 북해 석유의 혜택을 크게 누리고 있고, 앞으로도 10~20년 동안은 여전히 그럴 것으로 보인다. 하지만 얼마 가지 않아 석유생산량은 줄어들 것이고, 북해에서 더 이상 석유를 퍼 올릴 수 없을 때를 대비해야 한다. 영국 정부가 석유에 대한 의존을 줄이기 위해 진행 중인 계획은 재생 가능한 에너지 자원을 이용하는 것이다. 또 경제적 측면을 고려해 원자력발전이 차지하는 비중도 꾸준히 늘려가고 있다. 이것은 원자력을 사용하지 않을 목적으로 풍력과 태양광에너지의 비중을 키우고 있는 독일과는 차이가 있다.

영국은 유럽 최고의 바람, 파도, 조수 자원을 가지고 있다. 그러나 이 자원의 경제적 잠재력을 제대로 끌어내 쓰고 있지는 못하다.

– 조녀선 존스, 회계법인 언스트앤영Ernst&Young의 재생 에너지 부문 대표, 2006년

독일 – 천연가스와 재생에너지

영국과 달리 독일은 필요한 석유를 전적으로 수입에 의존하는 나라로 세계에서 여섯 번째로 원유를 많이 수입한다. 1, 2위는 각각 미국과 중국이 차지하며 뒤이어 일본과 인도, 한국 순이다.

독일은 주로 러시아와 노르웨이, 영국과 리비아에서 석유를 수입한다. 독일 경제는 꾸준히 성장하고 있기 때문에 석유가 점점 더 많이 필요하다. 하지만 독일 정부는 지난 10년 동안 매년 평균 8퍼센트씩 석유소비량을 줄이려고 노력해왔다. 현재 예상으로 2020년에는 2003년에 비해 12퍼센트 정도 줄어들 것으로 보인다.

유럽연합에서 독일은 다른 어느 국가보다 에너지 효율과 보존에

석유 의존에서 벗어나기 위해 노력해온 독일은 2만 기가 넘는
풍력발전기를 가지고 있다. 독일의 우수한 풍력발전설비는
유럽뿐 아니라 세계 곳곳으로 퍼져나가고 있다.

관심을 가지고 석유에 덜 의존하도록 정책을 펼쳐왔다. 하지만 여전히 러시아산 수입 석유에 의존도가 높은 상태이다. 게다가 러시아가 안정적인 공급처란 믿음이 없기 때문에 늘 불안해하고 있다. 그럼에도 불구하고, 독일은 러시아에서 자국까지 연결되는 천연가스관 '노르트스트림Nord Stream*'을 건설했다. 노르트스트림은 발트 해를 가로지르기 때문에 폴란드를 지나가지 않도록 설계되었다. 그런데 이 사실이 폴란드 사람들을 화나게 했다. 이는 경제적으로나 정치적으로 폴란드를 소외시키는 일이기 때문이다.

독일에서는 석유소비량이 줄어드는 반면, 천연가스 소비량은 늘어나고 있다. 이런 추세는 앞으로 다가오는 수십 년 동안 계속될 것으로 보인다. 독일은 석유매장량이 아주 적지만, 천연가스는 어느 정도 보유하고 있다. 하지만 여전히 천연가스 총 소비량의 75퍼센트를 러시아, 네덜란드, 노르웨이에서 수입하고 있다. 게다가 원자력발전소를 점차 줄여가고 있기 때문에 천연가스의 수요는 더욱 늘어날 것으로 예상된다. 독일은 전력 생산에 필요한 연료로 천연가

러시아가 발트 해에서 생산한 천연가스를 독일까지 실어 나르는 가스관. 세계에서 가장 긴 해저 가스관으로 폴란드와 같은 동유럽 국가를 지나지 않고 러시아에서 독일까지 직통으로 천연가스를 운반한다. 이에 따라 공급망에서 제외된 국가들은 러시아의 에너지 횡포에서 더욱 벗어나기 힘들게 되었다. 하지만 두 번째 가스관까지 완공되면 독일을 비롯한 서유럽 국가의 약 2,600만 가구가 노르트스트림으로 천연가스를 공급받는 혜택을 누릴 것이다.

>>> 천연가스 소비가 늘어나고 있는 독일은 노르트스트림을 건설해
러시아에서 직접 천연가스를 공급받고 있다.

스를 많이 쓰지만, 부족한 부분을 보충하기 위해 갈탄에도 의존한다. 현재 독일에서 소비되는 전체 갈탄의 4분의 3이 전력발전에 쓰일 정도이다. 그런데 천연가스나 갈탄 같은 에너지 자원들은 모두 청정연료와는 거리가 먼 화석연료[*]이다.

이처럼 독일은 전력을 생산하기 위해 다른 어느 국가보다도 석탄과 천연가스 같은 화석연료를 많이 쓴다. 하지만 재생 가능한 에너지 자원을 발전시키는 면에서도 다른 유럽 국가를 훨씬 앞서고 있다. 특히 독일의 풍차 발전은 세계 최고 수준으로 평가받는다.

프랑스 – 석유를 수입하고 전기를 수출하는 나라

독일과 마찬가지로 프랑스도 필요한 석유를 대부분 수입해서 쓴다. 물론 프랑스에서 석유가 한 방울도 나지 않는 것은 아니다. 일단 파리 근처에 작은 석유매장지가 있고, 남서쪽에는 천연가스가 약간

화석연료는 땅속 깊은 곳에 파묻힌 동식물이 오랫동안 높은 온도와 압력을 받아 만들어진 것으로 석유, 석탄, 천연가스 등이 대표적이다. 언젠가는 고갈될 염려가 있고, 태우고 나면 이산화탄소가 많이 발생한다. 대량의 이산화탄소는 환경오염과 오존층 파괴의 주범으로 지목되고 있다. 청정연료는 화석연료를 대신하면서도 환경을 오염시키지 않는 에너지 자원을 가리킨다. 클린에너지, 그린에너지, 청정에너지라고도 부른다. 청정연료에는 태양광, 태양열, 지열, 풍력, 조력, 파력 등의 '그린에너지Green Energy', 생물체를 에너지원으로 사용하는 '바이오매스에너지Biomass Energy', 액화 석탄이나 가스화 석탄 등과 같은 '합성연료', 미래에너지라 불리는 '수소에너지' 등이 있다.

매장되어 있다. 하지만 이곳에서는 필요한 양의 5퍼센트밖에 생산하지 못한다. 프랑스는 주로 사우디아라비아와 노르웨이에서 석유를 수입한다. 그리고 영국, 이란, 이라크, 나이지리아, 러시아에서도 석유를 들여온다.

한편 프랑스는 유럽에서 러시아와 독일에 이어 세 번째로 전기를 많이 생산하는 나라이기도 하다. 프랑스는 남는 전기를 스위스, 영국, 독일, 이탈리아에 수출해서 수익을 올리고 있다. 다행히도 이런 수익이 석유를 수입하며 지출한 비용을 상쇄시켜 준다. 하지만 2006년에 석유 가격이 크게 오르자 프랑스 경제는 적자를 내기 시작했고, 성장률도 줄어들었다.

이탈리아 – 독자적인 석유 정책

유럽의 네 번째 경제대국인 이탈리아는 독자적인 방법으로 필요한 석유를 공급했다. 20세기의 이탈리아 석유산업의 중심에는 엔리코 마테이Enrico Mattei, 1906~1962가 있었다. 마테이는 무솔리니Benito Mussolini, 1883~1945를 중심으로 한 파시스트에 격렬하게 저항한 인물이었는데, 제2차 세계대전 이후 이탈리아 국영 석유회사인 아지프Azienda Generale Italiana Petroli, AGIP의 대표로 선출되었다. 아지프는 독재자 무솔리니가 설립한 회사로, 원래는 해체될 예정이었다. 하지만 그 임무를 떠맡은 마테이는 이 회사가 이탈리아 경제를 다시

>>> 프랑스는 석유를 수입하지만 남는 전기를 수출해 그 비용을 상쇄한다.

살리는 데 도움이 될 것이라고 판단했다. 그래서 1953년에 아지프의 가스와 석유 지분을 통합해 에니Eni를 만들었다.

마테이는 제2차 세계대전이 끝나면서 이탈리아 민중의 영웅으로 칭송받았다. 그는 에니를 이용해 이탈리아 시장에 석유를 공급하는 외국 석유기업들의 영향력을 줄여 나갔다. 또 중동과 북아프리카에 협상을 제안했다. 석유개발권을 주면 이익을 50대50으로 똑같이 나누어 가진다는 내용이었다. 이 제안은 세계 주요 석유기업들이 제시하는 조건들보다 산유국에 훨씬 유리한 것이었다. 결국 에니는 강력한 라이벌인 저지스탠더드나 셸과 공개적으로 경쟁하게 되었다.

마테이는 1960년에 소련에서 석유를 수입하기로 협상한 후, 미국의 석유 독점은 끝났다고 선언했다. 그리고 알제리가 프랑스로부터 독립하는 데 경제적인 도움을 주었다. 이 일로 그는 미국뿐 아니라 프랑스에도 미움을 샀다.

그러던 1962년 10월, 마테이가 탄 비행기가 시칠리아에서 밀라노로 돌아오는 길에 폭풍을 만나 추락하고 말았다. 그는 이 사고로 목숨을 잃었다. 하지만 이달리아에서는 지금도 그의 죽음을 둘러싸고 논쟁이 계속되고 있다. 누군가 비행기 사고를 가장해 마테이를 살해했다는 주장이 계속되고 있기 때문이다.

마테이가 죽고 나서 수십 년이 지난 현재 이탈리아는 총 소비량의 95퍼센트에 달하는 석유를 대부분 북아프리카, 중동, 북해에서 수입하고 있다. 특히 리비아는 이탈리아 시장에 가장 많은 석유를 제공하는 공급원이 되었다.

독일과 마찬가지로 이탈리아도 원자력발전을 줄이기 위해 노력하고 있다. 그래서 전력의 20퍼센트는 수력발전으로, 나머지 80퍼센트는 주로 석유를 태우는 화력발전으로 생산하고 있다.

스웨덴 - 새로운 에너지 개발에 주력

미국, 러시아, 중국은 강력한 중앙정권 아래 막강한 군사력을 갖추고 있다. 하지만 이와 달리 유럽연합은 28개 회원국 간의 결속된 힘이 점점 약해지는 실정이다. 그 가장 큰 이유는 회원국마다 군사력을 보유하고, 외교정책과 에너지 전략도 달리하기 때문이다. 사정이 이렇다 보니 유럽연합은 석유생산지를 통제하고, 송유관이나 가스관 경로를 정하는 경쟁에서도 분명히 불리했다. 특히 천연가스의 경우 주요 공급처인 러시아에 문제가 생기면 언제든 공급이 중단될 수 있었다. 이 때문에 많은 유럽인들은 석유를 넘어서 새로운 에너지 시대가 빨리 열리기를 고대하고 있다.

스웨덴은 지난 수십 년 동안 노동력을 절약하는 로봇과 같은 제품을 개발하는 데 앞장서 왔다. 지금은 석유 시대 이후의 경제를 대비하는 선구자로서 역할을 해내고 있다. 2006년에 스웨덴 정부는 앞으로 15년에 걸쳐 석유 사용을 점점 줄여 나가겠다고 발표했다.

이렇게 급진적인 결론을 내린 가장 큰 이유는 지구온난화와 석유의 고갈 때문이다. 특히 석유매장량이 줄어들게 되면 석유 가격이 폭등하고 경제위기로 이어질 것이라 보고 대비하는 것이다.

석유에 대한 의존은 전 세계가 겪고 있는 심각한 문제이다. 우리는 2020년까지 석유로부터 완전히 벗어날 것이다. 화석연료를 사용하지 않으면 유가 변동에 크게 영향을 받지 않고 막대한 이윤을 남길 수 있을 것이다. …… 1996년 이후 유가는 세 배나 올랐다.

― 모나 살린Mona Sahlin, 스웨덴 환경개발부 장관, 2006년

스웨덴 정부는 석유 없는 세상을 대비해 정신적으로, 또 기술적으로 준비하고 있다. 전기를 생산하기 위해 이용하던 원자력발전소를 차츰 줄이기로 이미 오래전에 결단을 내렸고, 세계 최초로 석유 이후의 에너지 사회를 건설하기 위해 과학자, 공무원, 기업가, 자동차 생산업체, 농부, 노동조합원으로 구성된 위원회도 만들었다. 이런 노력은 스웨덴을 다른 어떤 나라보다 독보적인 국가로 만들었다.

스웨덴에는 세계의 주요 자동차 제조업체인 볼보Volvo와 사브Saab가 있다. 스웨덴 정부는 이 두 업체와 협력해 휘발유 대신 에탄올이나 바이오연료를 쓰는 자동차를 개발했다. 병원과 도서관 같은 공공 기관에서 석유가 아닌 대체연료를 사용하도록 보조금도 지원했

다. 또한 대체연료를 쓰는 난방시설을 설치하는 주택 소유자에게 여러 가지 혜택을 제공했다. 정부의 이런 노력에 따라, 산림업자도 나무껍질을 태워 전기를 생산하기 시작했고, 제재소는 톱밥을 태워 필요한 에너지를 만들었다.

이 결과 스웨덴은 필요한 총 에너지의 77퍼센트를 석유에서 얻었던 1970년보다 2003년에는 석유의존도가 32퍼센트나 떨어졌다. 유럽연합이 대체에너지를 사용하는 비율이 평균 6퍼센트 정도라면 스웨덴은 26퍼센트에 이른다.

또 다른 유럽국가인 아이슬란드도 스웨덴처럼 빠르지는 않아도 석유 사용량을 줄여 나가는 중이다. 2050년까지 자국을 오가는 해상과 육상의 모든 운송 수단의 연료를 재생 가능한 수소로 바꿀 예정인데, 이 수소를 만드는 데 필요한 전기는 재생 가능한 에너지원으로 생산할 것이다.

유럽은 이제 석유소비량을 극단적으로 줄일 방안을 세워야 할 처지가 되었다. 지구온난화 문제를 해결하기 위한 교토의정서(171쪽 참조)는 유럽이 이런 위기를 맞아 내린 정치적 결단에서 나온 것이기도 하다.

05
석유를 둘러싼
파워게임

미국의 석유매장량이 고갈되기 시작하면서 중동의 석유가 세계적으로 큰 관심을 끌기 시작했다. 그렇다고 다른 석유매장지가 경제적으로나 전략적으로 중요하지 않다는 의미는 아니다. 미국 정부는 자국 내에 필요한 석유를 안정적으로 공급하기 위해 중동 이외의 든든한 공급처를 찾아야 했다. 이 과정에서 눈에 들어온 것이 서반구의 석유매장지였다.

미국으로서는 캐나다나 중남미의 석유를 국경을 거쳐 육로로 실어올 수 있다면 더없이 좋을 터였다. 또한 미국을 제외하고 서반구에서 석유를 생산하는 가장 중요한 나라가 캐나다, 멕시코, 베네수엘라였기 때문에 관심을 기울이지 않을 수 없었다.

외국 자본이 개발하기 시작한 캐나다 석유

캐나다는 미국이 수입하는 석유의 가장 큰 공급지다. 캐나다의 석유산업은 1850년대부터 온타리오 주 구석에 있는 페트롤리아 Petrolia 근처에서 시작되었다. 당시에는 페트롤리아에서 생산된 석유가 캐나다와 미국뿐 아니라 유럽 시장까지 팔려갔다.

캐나다 경제에서 석유산업이 정말 중요해지기 시작한 것은 20세기에 들어서면서부터다. 1947년에 임페리얼오일 (Imperial Oil, 저지스탠더드의 자회사)이 앨버타 주 레덕 Leduc에서 석유를 발견했다. 그 후 서스캐처원 주와 브리티시콜롬비아 주에서도 석유가 발견되자, 캐나다의 석유 붐은 식을 줄 모르고 계속되었다. 결국 세계적인 석유기업인 7자매도 캐나다 석유에 투자하기에 이르렀다.

1960년에는 캐나다 석유산업에 투자된 자본의 77퍼센트가 외국에서 왔다. 이렇게 된 이유 중 하나는 대규모 자본을 소유한 캐나다 금융기관이 투자에 보수적이었기 때문이다. 그들이 망설이는 동안 세계 주요 석유기업이 달려들어 얼른 주도권을 잡아버렸다.

1970년대 초반이 되자 캐나다 석유산업에서 95퍼센트 이상의 매출을 외국 기업이 올렸다. 외국 자본의 80퍼센트가 미국의 주요 석유기업이었고, 그중에서도 임페리얼오일의 영향력이 가장 막강했다. 그다음으로 매출을 올린 회사는 셸과 걸프였는데, 두 회사의 매

>>> 미국 정부는 석유의 새로운 공급처로 캐나다를 찾아냈다.

출을 합쳐도 업계 선두주자인 임페리얼오일보다 규모가 적었다.

외국 자본의 지배는 캐나다 석유의 판매에 영향을 끼쳤다. 캐나다산 석유는 캐나다 서부에서부터 송유관을 거쳐 온타리오 주 소비자들에게 공급되었다. 이 송유관은 동쪽으로 매니토바 주를 거쳐 5대호 근처에 있는 미국 중서부 지방까지 연결된다. 그곳에서 미국 시장에 석유를 공급한 뒤 다시 온타리오 주 사니아Sarnia로 들어온다.

캐나다 정부는 석유 정책을 세울 때 미국의 석유수입제한프로그램을 본보기로 삼았다. 그러나 수입되는 석유의 양을 제한하는 미국과 달리 국내 석유시장 중 일부에서만 수입 석유를 팔 수 있도록 허가했다. 예를 들어 온타리오 동부의 오타와밸리Ottawa Valley 동쪽에서는 베네수엘라와 중동에서 수입한 석유만 팔고, 오타와밸리 서쪽에서는 캐나다 서부에서 생산된 석유만 팔도록 했다. 이 정책이 실행되기 시작한 1961년부터 세계 석유파동이 일어난 1973년까지는 캐나다산 석유보다 수입 석유가 더 저렴했다. 따라서 오타와밸리 서쪽 사람들은 세계 석유 가격보다 비싼 석유를 써야 하는 상황이었다. 하지만 캐나다 정부는 국내 석유산업을 보호하기 위해서 이런 정책을 포기하지 않았다.

1960년대에는 캐나다가 미국으로 수출하는 석유의 규모가 네 배로 늘어났고 1970년대에 이르자 미국이 수입하는 전체 석유의 20퍼센트를 캐나다산 석유가 차지했다. 이 시기 캐나다의 주요 석유기업은 정부를 압박해 석유와 천연가스를 미국으로 더 많이 수출하려 했다. 임페리얼오일은 다른 기업과 힘을 모아 정부에 석유를 더 많이 수출할 수 있게 해달라고 요구할 정도였다. 그러면서 "캐나다의 에너지 자원 수출에는 문제가 많다. 사실상 우리는 석유자원을 '저금'하도록 강요받고 있다. 현재 보유한 매장량으로 앞으로 몇 백 년 정도는 끄떡없다."라고 주장했다.

하지만 캐나다 석유산업을 대표하는 기업인 임페리얼오일의 주장이 허세였다는 것은 곧 드러났다. 석유파동 이후 1973년 12월부터 1974년 봄까지 불과 몇 달 사이에 석유 가격은 배럴당 3달러에서 11달러로 올랐다. 이것은 캐나다 주요 석유기업의 정책과 캐나다 정부의 에너지 정책에 극적인 영향을 끼쳤다. 1973년 9월, 중앙 정부는 다가오는 세계 유가의 상승을 예측하며 배럴당 3달러 80센트로 원유 가격을 동결했다. 1974년 봄에 원유 가격을 배럴당 6달러 50센트로 올렸지만, 여전히 세계 석유 가격보다는 훨씬 저렴했다.

몇 달 후, 캐나다의 국가에너지위원회에서 석유 수출량에 대한 청문회가 열렸다. 그런데 이 자리에서 임페리얼오일과 함께 주요 석유기업이 내놓은 답변은 경악스러웠다. 그들이 제출한 석유매장량의 추정치는 유가가 동결되기 전보다 눈에 띄게 부정적이었다. 그들의 답변에 따라 계산을 해보았더니, 캐나다는 곧 에너지 부족을 겪을 것이 분명했다. 특히 한 보고서는 1982년이 되면 캐나다산 원유가 자국 내 수요를 감당하기에도 벅찰 것이라고 결론을 내렸다. 1976년 봄, 캐나다 정부는 자국 내 석유매장량의 충격적인 변화를 추정하는 또 다른 보고서를 제출했다. 이에 따르면, 캐나다의 석유매장량은 바로 3년 전에 생각했던 것보다도 60퍼센트나 낮았다.

석유기업은 왜 갑자기 석유매장량을 낮게 예측했을까? 가장 중요한 이유는 정부가 유가를 세계 가격 아래로 동결했기 때문이다. 석유회사로서는 유가를 세계적인 수준으로 끌어올리지 않으면 새로운 석유매장지를 탐사하고 개발하기가 힘들다는 경고였다.

미국의 입김에 좌우되는 캐나다 석유 정책

석유 부족 시대가 다가올 것이라고 예측되자 캐나다 국민들은 크게 낙담했고 정부의 에너지 정책에도 변화가 생겼다. 자유당 정부는 석유기업을 공기업으로 전환하는 것을 고려했다. 사실 이것은 석유기업이 예상매장량을 하루아침에 바꾸기 전부터 협의 중이던 정책이었다. 마침내 1973년 12월부터 석유 가격이 급등하자 피에르 트뤼도Pierre Trudeau, 1919~2000 수상은 석유 공기업을 설립하겠다고 발표했다.

석유매장량에 대한 기업의 전망이 하루아침에 바뀌었습니다.
이런 불안정한 상황이 석유 공기업을 설립하는 데 결정적인 역할
을 했습니다.

캐나다 정부가 국영 석유기업인 페트로캐나다Petro Canada를 설립
하게 된 결정적 이유는 외국 자본이 운영하는 석유기업에 대한 불
신 때문이었다. 트뤼도 정부는 석유기업들이 자신의 이익에 치우쳐
수시로 말을 바꾸는 것을 보고, '석유산업을 제대로 들여다볼 수 있
는 창문'이 필요하다고 결론지었다. 그리고 페트로캐나다가 그런
창문 역할을 하리라 기대하고, 국가의 석유매장량과 석유산업의 미
래에 관해 가장 믿음직한 정보를 제공할 것이라고 믿었다.

캐나다 정부는 1990년까지 석유산업의 50퍼센트를 소유한다는
목표를 세우고 이를 달성하기 위해 국가에너지프로그램을 발표했
다. 이 프로그램에 따라 정부는 페트로캐나다를 확장하고, 민간 소
유인 국내 석유기업의 발전도 장려했다.

이에 따라 캐나다 정부는 영국 석유기업인 BP의 정유와 판매 사
업 부문을 사들였다. 또 탐사사업이나 소매사업에 참여하는 규모를
늘렸고, 민간 석유기업을 키워주기 위한 제도도 정비해서 개발과
탐사에 보조금을 주는 인센티브 제도를 실시했다. 하지만 미국에서

는 캐나다가 외국 기업을 차별한다고 비난하는 목소리가 높았다.

1982년 이후 석유 가격이 계속 큰 폭으로 떨어지면서 캐나다 정부는 많은 손해를 봤다. 결국 1984년 선거로 정권이 바뀌면서 석유산업을 보호하기 위해 실시했던 국가에너지프로그램과 석유 인센티브 제도를 폐지했고 석유 가격을 통제하는 제도도 폐지했다.

1988년에는 미국과 포괄적인 자유무역협정(Free Trade Agreement, FTA)을 체결했다. 이 협정에는 캐나다의 석유 수출 조건을 완전히 바꾸는 여러 가지 조치가 포함되었다. 제일 놀라운 조항은 세계적으로 석유가 부족해질 경우에도 캐나다는 미국에 지속적으로 석유를 수출해야 한다는 것이다. 이제, 캐나다는 자국 내에 석유가 부족한데도 미국에 석유를 팔아야 할 날이 올지도 모른다.

지난 20년 동안 캐나다 석유에 대한 미국의 의존도는 점점 더 커졌다. 미국 정치 지도자들이 석유, 국가 안보, 테러와의 전쟁을 하나로 묶어 큰 관심을 기울이자 캐나다에서도 오일샌드의 중요성이 크게 인식되었다. 게다가 앨버타 주 포트맥머리Fort McMurray의 오일샌드에 사우디아라비아만큼 많은 석유가 매장된 것으로 밝혀졌다. 2003년에 앨버타 주의 총 석유생산량 중 52퍼센트 이상이 오일샌드에서 나왔다. 이때부터 앨버타 주에서 나오는 석유생산량은 해마다 늘어 캐나다 전체 석유생산량의 절반 이상을 차지하게 되었다.

이처럼 석유 고갈의 대안으로 떠오르고 있는 오일샌드 개발에는

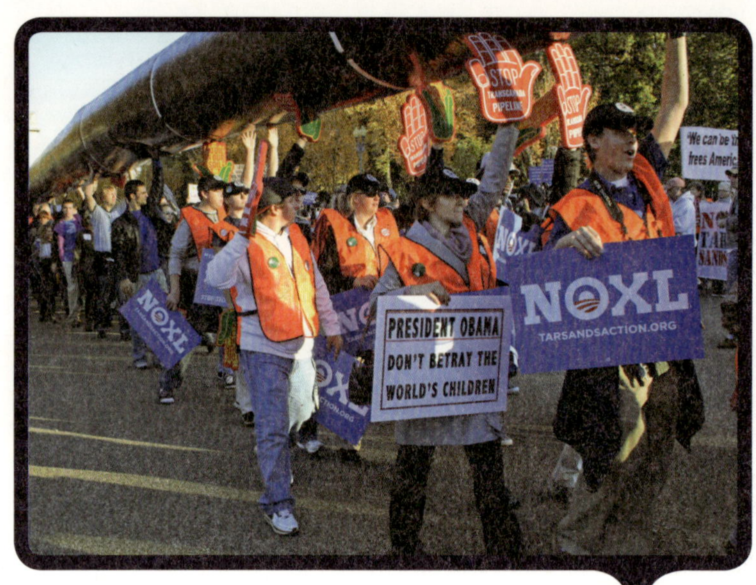

미국 백악관 주변에서 열린 송유관 건설 반대 시위.
미국과 캐나다를 연결하는 송유관은 원활한 석유 공급을 가능하게 하지만
환경오염과 사고 우려 때문에 환경단체와 지역주민들의 반대가 거세다.

몇 가지 중요한 문제가 있다. 일단 석유를 추출하는 비용이 지나치게 높다. 게다가 오일샌드를 채굴하고 난 지역의 환경은 심각하게 파괴된다. 또 오일샌드에서 석유를 분리하는 과정에는 엄청난 양의 담수와 천연가스가 필요하고, 매우 많은 온실가스가 배출된다.

석유로 제2의 독립을 선언한 멕시코

미국에 석유를 수출하는 상위 다섯 나라 중 두 번째는 멕시코이다. 멕시코는 이미 오래전부터 주요 산유국이었다. 멕시코의 석유매장지 대부분을 개발한 사람은 청부업자 위트먼 피어슨Weetman Pearson, 1856~1927이다. 그는 19세기 말에 멕시코의 독재자 포르피리오 디아스Porfirio Díaz Mori, 1830~1915의 초청을 받고 영국에서 건너왔다.

디아스는 멕시코시티의 하수도 역할을 할 운하를 짓게 하려고 피어슨을 고용했다. 피어슨은 그 일에 머물지 않고, 항만과 수송사업도 벌이면서 멕시코의 석유채굴권을 사들였다. 피어슨이 석유개발 사업을 시작한 결정적 계기는 1901년 텍사스의 스핀들탑에 있었다. 그는 스핀들탑에서 유전이 발견되는 것을 보고 영감을 얻었다. 이후 크고 작은 실패에도 굴하지 않고 끈질기게 매달린 끝에 드디어 중요한 유전을 발견했다. 그리고 멕시칸이글Mexican Eagle이라는 석유회사를 설립해, 스탠더드오일의 자회사와 경쟁해서 이겼다.

이후 피어슨은 멕시코 석유산업의 지배자가 되었다. 멕시칸이글은 곧 영국 해군의 중요한 석유공급처로 두각을 드러냈고, 영국은 피어슨의 공로를 인정해 그에게 코드레이 경Lord Cowdray이라는 작위를 수여했다.

멕시칸이글이 멕시코 석유산업에서 거대한 자리를 차지하자, 미국은 분노했다. 그 결과 멕시코 석유를 둘러싸고 미국과 영국 사이에 격렬한 외교 분쟁이 뒤따랐다. 결국 1919년에 코드레이 경은 자신의 석유 재산 대부분을 셸오일에 매각했다. 멕시코는 1920년대에 세계적으로 손꼽히는 석유수출국이 되었고, 영국과 미국은 여전히 멕시코 석유의 지배권을 두고 계속 다투었다.

1930년대가 되자 멕시코에서 진행된 혁명의 영향을 받아 석유 노동자들이 파업에 들어갔다. 이들은 더 이상 판자촌의 가축우리 같은 집에 살면서 끔찍한 노동에 시달리지 않겠다고 주장했다. 하지만 외국 자본이 운영하는 석유기업은 노동조건을 개선해달라는 요구를 완강히 거부했다.

그러자 멕시코 정부는 1938년 3월 18일 이들의 뜻을 받아들여 국민의 큰 지지를 받으며, 외국 석유기업 17개를 국유화했다. 이날은 지금도 멕시코의 두 번째 독립선언일로 기념될 정도로 의미 있게 기억되고 있다. 미국 석유기업은 이에 대해 미국이 정부차원에서 보복해주길 바랐다. 하지만 루스벨트 대통령은 섣불리 나서지 않았고, 오히려 기업들에게 이렇게 경고했다.

"부유한 개인이 대가도 치르지 않고 멕시코에서 대규모 토지를 함부로 소유하거나 사용하는 것에 조금도 동조하지 않겠다."

석유산업에서 외국 자본을 쫓아낸 멕시코 정부는 페멕스Pemex라는 공기업을 설립했다. 페멕스는 멕시코를 상징하는 대표적 기업이라 할 수 있다. 주요 석유회사들은 멕시코 정부가 자신들의 재산을 마음대로 빼앗아간 데 보복하기 위해 세계시장에서 멕시코산 석유가 유통되지 못하도록 손을 썼다. 그들은 석유 수출이 막히면, 멕시코가 타격을 받고 국유화한 자산을 토해내리라 기대했다. 또 석유 생산 기술을 제대로 전수받지 못한 페멕스가 곧 실패할 것이라 예상했다. 하지만 그들의 예상은 절반만 들어맞았다.

예상대로 세계시장에서 멕시코산 석유가 유통되는 길이 막히긴 했다. 하지만 페멕스는 망하지 않았다. 물론 처음에는 전문 인력과 기술자가 부족한 데다 부정부패가 너무 심해 페멕스의 경영은 엉망이었다. 다행히 페멕스는 이런 문제들을 차츰 극복했고, 멕시코 국내 시장에 유통될 석유를 생산하는 데 성공했다.

석유기업을 국유화한 후, 멕시코 정부는 자산을 강제로 빼앗긴 기업들에게 1억 3,000만 달러를 물어내야 했다. 국가 경제를 외국 자본으로부터 지키기 위해서는 어쩔 수 없는 일이었다. 영국과 미국의 멕시코산 석유 불매운동은 제2차 세계대전이 일어나면서 차츰 수그러들었다.

외국 자본이 장악한 베네수엘라 석유산업

거대 석유기업들은 멕시코를 떠났다. 대신 그들을 환영하는 독재 정권을 찾아 베네수엘라로 옮아갔다. 제2차 세계대전 직후 베네수엘라의 석유생산량은 세계에서 미국 다음으로 많았다. 1920년대와 1930년대에 베네수엘라에서는 풍부한 석유자원이 개발되면서 변화의 바람이 불었다. 이 시기에 베네수엘라 석유산업에서 가장 큰 역할을 한 주요 회사는 저지스탠더드, 셸, 걸프였다. 베네수엘라는 석유 수출 덕분에 남미에서 가장 부유한 국가가 되었다. 두 차례의 세계대전 사이에 폭발적인 경제 성장을 이루었고, 수도인 카라카스Caracas의 거리는 자동차로 붐볐다. 하지만 석유라는 선물을 받은 많은 나라들이 그렇듯이 수익 분배가 아주 불공평했다. 석유회사가 거둔 막대한 수익은 국민들에게 고루 돌아가지 않았다. 당시 베네수엘라의 독재자였던 후안 빈센테 고메스Juan Vicente Gómez, 1864~1935와 군부 및 정부 주요 관리들이 수익을 모두 챙겼다. 대다수 국민들은 여전히 가난했고, 오히려 물가가 올라 살기는 더 힘들었다.

고메스가 죽자 독재자의 탄압에 억눌렸던 사람들의 불만이 폭발했다. 곳곳에서 약탈이 일어났고, 독재자의 가족들은 살해당했다. 고메스 정권의 종말과 함께 베네수엘라의 정치는 격변을 겪었으나, 폭력과 군부의 개입으로 민주주의가 쉽게 뿌리내리지 못했다.

1938년 베네수엘라 정부는 외국 자본의 석유회사들이 지나치게 많은 이익을 가져간다는 국민들의 불만을 받아들였다. 그래서 이들 회사에 더 많은 로열티와 세금을 부과했다. 대신 베네수엘라 석유 사업권을 40년 더 연장한다는 당근도 같이 던져주었다. 셸은 계약 조건을 따르기로 했지만, 저지스탠더드는 반대했다. 그러나 결국에는 베네수엘라 정부의 요구를 받아들였다.

민주주의를 향한 베네수엘라 사람들의 열망은 민주행동당이라는 혁신 정당의 집권으로 이어졌다. 새로운 정부의 석유 장관인 페레즈 알폰소_{Pérez Alfonso, 1903~1979}는 1950년대 말 OPEC 창설에 중요한 역할을 했다. 그는 언젠가 고갈될 석유매장지를 두고 석유개발회사와 새로운 협상을 해야 한디고 주장했다. 이 주장에 서구권과 페르시아 만의 많은 산유국들이 동의했다.

알폰소의 핵심 주장은 석유산업에서 나오는 모든 이익의 50퍼센트를 정부가 가져야 한다는 것이었다. 1948년 11월, 베네수엘라 정부는 이런 주장이 담긴 법안을 통과시켜 자국 내 석유산업의 50퍼센트를 소유하는 데 성공했다.

그러나 1950년대에 들어서 군사정권이 권력을 장악하자, 베네수엘라의 민주주의는 다시 멈추어 섰다. 군사정권은 외국 자본의 석유기업이 좋아하는 정책을 밀고 나갔다. 하지만 오래지 않아 1958년에 군사정권이 무너지고, 로물로 베탄쿠르Rómulo Betancourt, 1908~1981가 이끄는 민주주의 정권이 들어서자 변화의 바람이 불었다. 베탄쿠르는 석유수출국과 협력해 주요 석유기업으로부터 더 좋은 계약을 따내는 데 앞장섰다.

1970년대에 중동 국가들은 석유산업 대부분을 국유화하려 했다. 베네수엘라 역시 이 붐을 타 외국 기업의 재산을 국가 단체인 페트롤레오스 드 베네수엘라Petróleos de Venezuela, PDVSA가 관리하는 방식으로 석유산업을 국유화했다. 외국 기업은 자산을 포기하는 대가로 10억 달러를 보상받았다. 그러나 석유산업의 국유화로 이득을 본 사람들은 소수의 엘리트층뿐이었다. 이들의 삶은 나날이 호화로워졌지만 대다수 국민의 삶은 전혀 그렇지 못했다. 또한 석유산업에 베네수엘라 정부의 권한이 더 커지기는 했지만, 외국 자본 석유기업도 여전히 큰 몫의 이익을 챙겼다.

석유를 무기로 미국에 맞선 차베스 정권

20세기 말 라틴아메리카에서는 심각한 빈부 격차에 저항하는 정치 운동이 일어났다. 베네수엘라에도 주목할 만한 새로운 정권이 들어섰다. 1998년에 군 장교 출신인 우고 차베스Hugo Chavez, 1954~2013가 석유로 벌어들인 재산을 국민에게 재분배한다는 정책을 내세우며 압도적인 승리로 대통령에 당선되었다. 특히 카라카스를 둘러싼 빈민 거주 지역에 사는 사람들이 차베스의 열렬한 지지층이었다. 차베스는 석유 판매 이익을 빈민들을 위한 의료 서비스와 교육 프로그램에 대규모 지원하기로 결심했다. 그러자 수도에 사는 부유층과 중산층이 반기를 들었다. 이들은 국영 석유관리단체를 민영화해 자신들이 누리는 사회적 풍요로움을 오래 유지하려 했다.

이제 베네수엘라의 석유산업은 양극화된 두 계층이 벌이는 투쟁의 중심에 놓이게 되었다. 1999년에 차베스 대통령은 갈등을 해결하고자 새로운 헌법을 제안했다. 이 헌법에는 국영 석유관리단체를 민영화하지 못하게 하는 조항도 있있다. 국민투표 결과 차베스의 승리였다. 헌법은 통과되었고, 석유산업은 여전히 국가의 관리를 받게 되었다.

이후 차베스는 중국과 석유 무역을 할 수 있도록 기반을 닦았으며, 중국 외에도 여러 나라로 석유를 수출해 주목할 만한 권력을 얻었다. 또 석유를 팔아 얻은 자금으로 저소득층이나 빈민층에 도움이 되는 정책을 펼쳐 지지를 얻었다. 그리고 미국 군사 고문단을 추방하고 군수품을 사들여 국방에서도 자립적인 힘을 키우려 했다. 미국의 입장에서는 이 모든 행동이 마음에 들지 않았을 것이다.

차베스와 베네수엘라

한때 군인이었던 차베스는 1998년 선거에서 약 56퍼센트의 표를 얻어 베네수엘라 역사상 최연소 대통령이 되었다. 그는 2013년에 암으로 세상을 떠날 때까지 빈부격차 해소에 큰 노력을 쏟았다. 문맹퇴치 운동과 무상의료 정책을 실시했고, 석유를 팔아 번 돈이 국민들에게 고루 돌아가도록 갖가지 보조금 정책도 채택했다. 그 결과 베네수엘라의 빈곤율은 절반으로 줄었고, 차베스는 국민 영웅이 되었다.

베네수엘라는 석유산업에 대한 경제 의존도가 매우 높은 나라이다. 이 나라의 석유매장량은 2,976억 배럴로 현재 세계 1위를 기록하고 있으며, 석유산업이 국가 전체 수출의 95%를 차지한다. 하지만 차베스 정권은 석유산업에서 얻은 이익의 많은 부분을 국민을 위한 정책 자금이나 외교 자금으로 사용했기 때문에 석유산업에 대한 재투자가 상대적으로 줄어 석유생산량은 감소했다. 게다가 2006년에 새 석유법이 제정되면서 외국 기업의 투자도 많이 줄어들었고, 다른 산업들도 덩달아 활기를 잃었다.

이런 상황을 고려할 때, 차베스의 죽음 이후 들어선 새 정부는 이전처럼 외국인 투자를 무조건 밀어내기가 쉽지 않을 것이다. 오히려 석유생산과 정제 능력을 높이기 위해 점점 다양한 투자를 받아들일 것으로 보인다.

>>> 베네수엘라는 석유를 팔아 가난한 사람들을 돕고 국방을 키웠으며
남미 국가들을 지원했다. 하지만 이런 정책은 미국 정부를 불편하게 만들었다.

왜 베네수엘라가 AK-47 같은 자동 소총이 10만 정이나 필요한
지 모르겠다. 차베스가 러시아에서 무기를 사들이는 동기가 의심
스러울 뿐이다.

차베스 정부는 석유를 팔아 얻은 수익을 정치적·외교적인 목표
를 추구하는 데도 사용했다. 아르헨티나와 에콰도르, 그 외 다른 라
틴아메리카 국가들에 저금리 융자를 지원했으며 쿠바와 아이티에
는 특별히 할인된 가격으로 석유를 판매했고, 라틴아메리카 국가들
이 사회경제적 변화를 조건으로 융자해주는 국제통화기금IMF과 세
계은행IBRD에 의존하지 않도록 돕기 위해 국제인도은행International
Humanitarian Bank을 설립했다. 이 은행은 가축을 대가로 받고 베네수
엘라의 석유를 우루과이의 정제소까지 배달해주었다. 또 아르헨티
나로부터 가축과 의료기구를 수입하고, 그 대가로 석유를 주기도
했다. 이처럼 차베스 정부는 세계 곳곳에 베네수엘라의 석유를 팔
아 미국 거대 석유기업의 지배 기반을 흔들었다.

06
사라지는 석유,
더워지는 지구

oil 세계 석유산업과 관련해 고려할 두 가지 문제가 있다. 첫 번째는 피크오일이다. 피크오일이란 지구상의 석유생산이 최대에 이르는 시점으로, 피크오일을 지나면 생산 속도는 계속 줄어든다. 두 번째는 온실가스와 지구온난화로 나타나는 환경 문제다.

사실 석유의 매장량에 대한 예측은 전문가마다 매우 다르다. 하지만 다음 한 가지 사실에는 모두 동의한다. 언젠가는 석유가 고갈될 것이고, 지금처럼 전 세계가 석유와 천연가스를 엄청나게 쓰면서 필요한 에너지를 계속 얻을 수는 없다는 것이다.

피크오일 곡선에 따르면, 석유생산은 정점을 향해 올라가다가 다시 내려오는 종 모양을 그린다. 이 곡선의 최고점은 세계 석유매장량의 절반이 생산되고 소비되는 순간이다. 그렇기 때문에 피크오일은 중요한 의미를 갖는다. 물론 최고점을 지났다고 해서 석유생산량이 갑자기 줄어들지는 않는다. 석유생산량은 최고점 근처에서 꽤 오랫동안, 혹은 짧은 기간 동안 머물기 때문에 피크오일 곡선도 한동안 평평하다. 그러다 어느 시점부터 갑자기 생산량이 줄어들기 시작하면, 곡선을 그리며 가파르게 내려가 종 모양이 된다.

석유 보존과 대체 에너지 개발

피크오일을 둘러싼 논쟁이 활발해지면서, 사람들은 석유가 언젠가 바닥날지도 모른다는 생각을 더 많이 하게 되었다. 그리고 조만간 해결해야 할 두 가지 중요한 문제가 있다는 것을 깨달았다.

첫째는 남아 있는 석유매장량을 보존하려면 어떻게 소비를 줄여야 하는가이고, 둘째는 석유가 완전히 고갈되기 전에 석유만큼 실용적이고 효율적인 다른 에너지 자원을 이렇게, 언제 찾아내는가 하는 것이다.

피크오일은 순수하게 과학적인 예측과 관련된 문제만이 아니다. 피크오일을 언제로 보는지에 따라 산유국과 석유기업의 이익이 달라지기 때문이다. 특정 지역에 남아 있는 석유의 매장량에 대한 예측은, 투자의 흐름은 물론이고 유가에도 영향을 준다. 따라서 산유국과 석유기업은 자기 잇속대로 저마다 다른 예측치를 내놓는다.

석유매장량의 예측을 더욱 불투명하게 만드는 또 하나의 요인은 산유국이 유가에 영향을 주기 위해 석유생산량을 마음대로 늘리거나 줄인다는 점이다. OPEC 같은 기구가 생긴 이유도 나라별로 석유생산량을 제한해 유가가 갑자기 떨어지는 것을 막기 위해서였다. 사우디아라비아와 같은 주요 산유국들은 유가를 낮추기 위해 오히려 석유생산량을 늘리기도 한다. 이는 석유수입국의 경기가 침체되는 것을 막기 위해서이다. 한편으로 미국 선거의 결과에 영향을 주기 위해서라는 주장도 있다. 대통령 선거나 의회 선거가 다가오는 몇 달 동안 유가가 내려가면 민심이 집권 여당에게 유리하기 때문이다.

이처럼 생산량을 줄였다 늘렸다 하면, 석유매장량과 생산에 대해 장기적으로 전망하기가 더욱 어려워진다. 게다가 언젠가 석유가 고갈될 것이라는 기본적인 사실에 아무런 도움도 되지 못한다.

오늘날 우리 사회가 피크오일에 대책을 세우려면 에너지 보존, 에너지 소비 줄이기, 새로운 에너지 자원 개발에 관심을 가져야 한다. 특히 에너지 보존을 위해서는 사회 전체적으로 세 가지 차원에서 노력을 기울일 수 있다.

첫째는 가격 메커니즘이다. 시장경제[*]에서는 수요가 계속 느는데 상품이 부족하면 가격이 오른다. 그 결과 소비자들은 가능하면 가격이 오른 상품을 덜 사용하려고 한다. 예를 들어 석유 가격이 오르면 자동차 사용을 줄이고 대중교통을 이용한다. 자동차를 살 때에도 석유를 많이 소비하는 중형차보다 연비가 높고 소형인 자동차를 찾는다. 택시 운전사들처럼 매일 차를 몰아야 하는 사람들은 하이브리드 자동차(hybrid vehicle, 휘발유와 전기 모두를 연료로 사용하는 자동차) 구입을 고려해보게 된다. 하이브리드 자동차가 일반 자동차보다 비싸지만, 연료비가 적게 들기 때문에 장기적으로 이익이 될 수 있다.

이처럼 가격 메커니즘은 사회를 에너지 보존 법칙에 따라 이끌어 가지만, 개개인들에게는 아주 불공평한 방법이기도 하다. 휘발유 가격이 올라도 소득이 높아 소비나 저축을 여유롭게 할 수 있는 사람들은 별로 힘들어하지 않는다. 부유한 사람들은 계속 중형차를 탈 수 있기 때문이다. 한편, 농업·어업·축산업에 종사하는 사람

경제 활동을 하는 주체들이 시장에서 자유롭게 이익을 추구하며 경쟁하고, 가격이 결정되는 경제 체제를 말한다. 시장경제에서는 가격에 따라 생산, 교환, 분배, 소비와 같은 모든 경제 활동이 이루어지고, 국가의 개입은 최소로 한다.
시장경제에서는 공급은 그대로인데 수요가 많아지면 가격이 올라가고 물건을 더 많이 생산한다. 반대로 공급이 많아지면, 공급자는 더 낮은 가격에라도 물건을 팔려고 하기 때문에 가격이 내려간다. 이에 따라 물건 생산은 줄이게 된다. 이런 식으로 가격 변화에 따라 수요와 공급이 조절되는 것이 시장경제의 가장 큰 특징이다.

들은 유가가 올라도 직업적으로 어쩔 수 없이 계속해서 기름을 써야 한다. 결국 다른 비용을 줄이며 힘든 생활을 하게 된다.

가격 메커니즘이 적용될 때 일어나는 또 하나의 흔한 결과가 있다. 한때 많은 사람들이 널리 이용했던 상품의 가격이 오르면, 이것이 부유한 사람들의 손에만 들어간다는 것이다. 즉 석유 가격이 전 세계적으로 오르면, 부유한 사람들만 석유를 마음껏 쓸 수 있다.

에너지 자원이 어떻게 분배되는지는 그 사회의 1인당 이산화탄소 배출량을 살펴보면 알 수 있는데, 이산화탄소 배출량은 소비한 에너지의 양과 직결된다. 일반적인 사람들은 각자 매년 1톤이 조금 넘는 이산화탄소를 배출한다. 그런데 이 평균값 속에 엄청난 차이가 숨겨져 있다. 예를 들어 미국의 1인당 이산화탄소 배출량은 1년에 20톤, 캐나다는 18.4톤, 일본은 9.8톤, 프랑스는 6.8톤, 스웨덴은 6.1톤이다. 그에 비해 개발도상국의 1인당 이산화탄소 배출량은 0.5톤이다. 미국인은 인도인보다 18배, 방글라데시인보다 99배 더 많은 이산화탄소를 배출하고 있다.

복잡하게 결정되는 석유 가격

가격 메커니즘 외에도 석유 이용에 큰 영향을 끼치는 두 번째 요인은 정부의 석유 정책이다. 에너지 보존을 촉진하기 위해 시행되는 여러 가지 정부 규제는 대부분 다른 목표도 함께 지닌다. 예를 들어 석유 가격에는 세금이 포함되어 있는데, 이는 도로 건설과 같은 정부 사업을 추진하기 위한 중요한 수입원이다. 동시에 석유 가격을 올리는 요인이 되고, 많은 사람들의 석유 사용을 단념하게 만든다. 결국 세금이 오를수록 에너지 보존 효과는 더욱 확실해진다.

세금이 석유 가격에 미치는 효과를 살펴보려면, 석유 가격이 어떻게 결정되는지부터 알아야 한다. 원유가 휘발유나 경유 상태로 소비되기까지, 최종 가격에는 다음과 같은 비용이 포함된다.

- 원유 탐사 비용
- 원유 가격
- 산유국에 지불하는 로열티, 세금, 수익
- 유조선, 송유관, 철도 등으로 정유공장까지 수송하는 비용
- 정유공장에서 휘발유나 경유를 생산하는 비용
- 완제품을 주유소로 운송하는 비용
- 소매상(자영업이거나 주요 석유회사의 직영점)의 가격 인상
- 유류세(휘발유, 경유, 등유 등의 석유연료에 붙는 세금)
- 생산과정에 참여한 회사들이 지불하는 법인 소득세
- 석유회사의 이윤

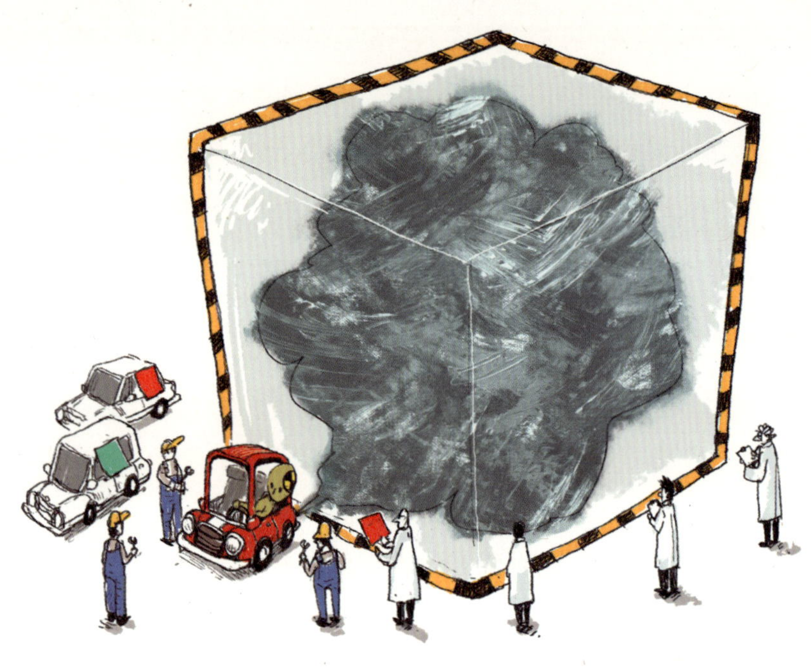

>>> 배기가스 규제와 같은 환경을 위한 변화는 사회 전체가 힘을 모아야만 한다.

위 목록에서 가장 비중이 큰 것은 원유 가격과 유류세이다. 2006년 프랑스에서는 운전자가 주유소에서 지불한 휘발유 가격의 약 60퍼센트가 세금이었다.

세계 원유 가격이 급등하면 유럽보다 미국과 캐나다의 석유 가격이 더 큰 영향을 받는다. 유럽의 휘발유 가격에서는 원유 가격보다 세금이 차지하는 비중이 훨씬 더 높기 때문이다. 결국 원유 가격이 오르면 유럽 사람들보다 북미 사람들이 더욱 크게 분노한다. 하지만 그들도 휘발유를 살 때마다 엄청난 세금을 물어야 하는 유럽 사람들과 입장을 바꾸고 싶지는 않을 것이다.

캐나다에서는 소비자가 주유소에서 지불해야 하는 세금이 주마다 다르다. 평균적으로는 휘발유 가격의 약 25퍼센트가 세금이다.

유류세를 낮추면 자연히 단 몇 푼이라도 기름값이 떨어지겠죠. 유류세 인하는 기름을 쓰는 모든 소비자에게 이득인 게임처럼 보입니다. …… 그런데 유류세를 낮춘다고 해도 기름값이 같은 비율로 내려가지 않는 게 문제입니다. 중간에 정유사와 주유소 등이 세금 인하의 혜택을 누리며 유통 마진을 붙이기 때문입니다. …… 길게 보면 유류세 인하가 오히려 기름 소비를 부추길 수도 있습니다.

– 류이근 기자, 〈한겨레신문〉, 2012년 4월 27일

석유와 대기 오염

석유와 관련된 정책에서 세 번째로 중요한 문제는 자동차 배기가 스인데, 미국 캘리포니아 주 정부가 감시 기준을 정하며 선구자 역할을 했다. 캘리포니아 사람들은 한 집에 차를 몇 대씩 가지고 있는 덕분에 스모그 현상을 누구보다도 빨리, 더욱 심하게 경험했다.

1943년 여름이었다. 캘리포니아의 대표적인 도시 로스앤젤레스의 하늘이 예사롭지 않았다. 시민들은 뿌연 공기 때문에 멀리 보기 어려웠고, 쓰린 눈과 호흡기 통증 그리고 심한 경우에는 메스꺼움을 느꼈다. 로스앤젤레스에서 최초로 발생한 스모그 때문이었다. 로스앤젤레스는 분지에 있기 때문에 자동차 배기가스가 대기 위로 빠져나가지 못하고 지면과 가까운 곳에 갇혀 있기 쉽다. 그러다 보니 안개가 끼는 날에는 그 속에 오염물질이 어우러져 스모그가 된다. 게다가 캘리포니아 주 인구의 절반 정도인 1,600만 명이 로스앤젤레스와 그 근처에 모여 살고 있어 이들이 내뿜는 자동차 배기가스 분출량은 상상을 초월한다.

1966년 캘리포니아 주 의회는 자동차 배기관의 탄화수소와 일산화탄소의 배출 기준법을 통과시켰다. 이것은 미국에서 최초로 배기가스를 규제하는 법이었다. 1976년에는 휘발유의 납 함유량을 제한했다. 이런 조치는 그 후 다른 나라들에서도 두루 시행되었다. 1990

남아프리카공화국 더반에서 제17차 유엔기후변화협약
당사국 총회가 열리는 동안, 환경과 자원보존의 중요성을 강조하고
에너지 절약을 촉구하는 다양한 활동들도 함께 펼쳐졌다.

년에 캘리포니아 주는 '무공해자동차'와 관련된 새로운 법안을 마련했다. 무공해자동차란 연료를 태울 때 오염이 심하지 않은 배기가스를 아주 적게 배출하거나 아예 아무런 배기가스도 배출하지 않는 차를 말한다. 캘리포니아 주의 법에 따르면, 1998년까지 판매되는 신차의 2퍼센트, 2001년까지 판매되는 신차의 5퍼센트, 2003년부터 판매되는 대형차의 10퍼센트가 무공해자동차여야 한다.

이처럼 캘리포니아 주 정부는 대기를 깨끗하게 하기 위해 자동차 회사에 엄격한 배출 기준을 적용했다. 3,000만 명이 넘는 인구를 거느린 강력한 주 정부의 이런 노력은 어느 정도 성공을 거두었지만, 동시에 한계도 보여주었다. 이 법안을 지키도록 기업을 통제하는 데 완전히 성공하지는 못했기 때문이다. 기업이 이런저런 핑계를 대며 시간을 끌자, 결국 캘리포니아 주 정부도 기한을 연장해야 했다. 이처럼 환경을 위해 근본적인 변화를 이루는 일은 사회 전체가 힘을 모아야만 가능한 어려운 과업이다.

탄소세는 지구온난화의 원인인 화석연료의 탄소배출량에 따라 부과하는 세금이다. 1990년 핀란드를 시작으로 스웨덴, 덴마크, 영국 등 유럽 국가들과 북미의 몇몇 주 정부에서 탄소세를 도입했다. 현재 중국과 미국 정부도 도입을 검토하는 중이다.

2009년 12월, 덴마크 코펜하겐에서 열린 제15차 유엔기후변화협약UNFCCC 총회에서는 탄소세 도입에 관해 집중적으로 검토했다.

>>> 지구의 평균기온 상승은 우리에게 거의 재앙에 가까운 영향을 미칠 수 있다.

하지만 산업계는 탄소세가 경제 성장을 둔화시키고, 물가 상승의 요인이 된다고 주장하고 있다.

피크오일에 쌍둥이처럼 따라다니는 심각한 문제는 극단적인 기후변화이다. 석유가 고갈될 때쯤이면, 석유를 태울 때 대기로 방출되는 온실가스의 양도 엄청나게 증가할 것이다. 온실가스는 대부분 화석연료를 태울 때 발생하는 것으로 밝혀졌기 때문이다.

온실가스는 지구의 대기에 이산화탄소의 비중을 증가시켜, 지표면에 닿은 태양열이 다시 대기 밖으로 빠져나가지 못하게 가두는 역할을 한다. 그 결과 지구 표면의 온도가 상승해 2100년에는 평균 기온이 3℃ 정도 오를 것으로 예상된다. 평균 3℃라면, 수치상으로는 그다지 큰 변화가 아니라고 여길 수도 있지만, 지구 환경에 미치는 영향은 거의 재앙에 가깝다. 많은 동식물이 멸종위기에 처할 것이고, 사막은 확대될 것이다. 해수면이 상승하면서 깨끗한 식수 공급지는 줄어들고, 연안 지역이 침수되어 몇몇 저지대 국가는 물속에 완전히 잠길 것이다. 피크오일과 기후변화라는 두 위협 요인은 이처럼 서로 떼려야 뗄 수 없는 관계이다. 한 문제를 해결하려면, 반드시 또 하나의 문제도 해결해야 한다.

07

낯설지만
가야 할 길

한 세기가 훨씬 넘게 석유산업은 현대 문명의 발전에 원동력이 되었다. 하지만 석유가 가져온 부작용도 만만치 않다. 석유매장지를 둘러싼 무력 충돌, 특정 집단에 거대한 부가 쏠리는 현상, 부유한 국가와 가난한 국가로 세계가 양분되는 현상이 생기고 말았다.

최근에는 여기에 두 가지 부작용이 추가되었다. 첫째, 중국과 인도의 경제적 팽창으로 석유 소비가 급격히 늘면서 세계가 피크오일을 향해 숨가쁘게 달려가고 있다. 둘째, 석유가 고갈될 정도로 자원을 소비하며 엄청난 오염물질을 배출함으로써 대재앙에 가까운 기후변화와 맞닥뜨리게 되었다.

인류가 함께 해결해야 할 과제

이제 인류는 과거의 개발로 인해 발생한 사회경제적인 문제에 함께 대처하고, 다가오는 석유 부족 현상과 기후변화에도 대비해야 한다. 그러기 위해서는 전 세계 국가들이 개발 수준의 차이와 경쟁으로 인한 어려움을 극복하고 정치적 합의점을 찾아내야 한다. 이런 과정을 거치며 석유시대가 만들어낸 다양한 위기를 해결하는 것은, 어쩌면 인류 역사상 가장 큰 도전일 수 있다.

온실가스 문제만 해도 얼마나 어려운가. 부유한 국가의 정치 지도자들은 석유고갈을 막고 온실가스를 줄이기 위해 공장 가동을 제한해야 한다고 주장한다. 하지만 이제 막 산업 발전의 길에 들어선 개발도상국들은 일 년 내내 잠자는 시간도 아끼며 공장을 돌려 빨리 선진국 대열에 올라서고 싶어한다.

지난 1세기 동안 서구의 선진국들은 세계 곳곳의 유전을 개발해 석유를 마음껏 쓰며 부를 쌓았다. 그런데 이제 와서 석유 소비를 줄이사고 하니, 막 산업 발달의 혜택을 누리보려는 개빌도싱국으로서는 발전을 가로막는 제안으로밖에 여길 수 없다.

석유위기의 해결을 더 어렵게 만드는 것은 이 문제가 지구촌 사회에 내재된 많은 권력 관계에 영향을 끼치기 때문이다. 석유위기를 해결하기 위해 당장 누군가 자신이 누리고 있는 권력과 부를 포기해야 한다면, 그것은 일종의 희생이다. 만일 지구촌 전체의 미래를 위해 이런 희생이 필요하다면, 어느 한쪽에만 일방적으로 희생을 강요하지는 말아야 한다. 또 그 대가도 충분히 고려해야 한다. 무엇보다 국제적 차원에서 사회경제적으로 대립한 당사자들 사이에 대타협이 이루어져야 한다. 문제는 이런 협상으로 가는 길에 여러 걸림돌이 버티고 있다는 것이다.

선진국이 지구온난화에 따른 재앙을 막기 위해 이산화탄소 배출량을 줄이기로 선언했습니다. 하지만 그들도 경제 위기를 핑계로 실질적 감축에는 소극적입니다.

– 바라트 자그데오Bharrat Jagdeo,
글로벌녹색성장기구(Global Green Growth Institute. GGGI) 총회 의장, 2013년

석유위기를 인정하기 싫은 사람들

현대 사회에서 기득권을 가진 부유하고 영향력 있는 사람들은 석유위기를 해결하기 위해 아무것도 하지 않기를 바란다. 대부분의 산업 분야가 그렇지만 특히 석유산업, 자동차산업, 비행기산업, 항공사를 경영하거나 이 분야에서 생계를 유지하는 사람들은 지금의

제도 안에서 충분히 많은 이익을 누리고 있다.

그렇기 때문에 이들은 석유를 마음껏 쓰는 길을 쉽게 포기하지 않으려 한다. 이들은 지질학자나 기후학자의 걱정에 동조하는 시늉만 할 뿐이다. 예를 들어 석유 가격이 갑자기 크게 오르면 자동차회사는 좀 더 연비가 좋은 차를 생산하는 식이다. 사실 이것은 환경이나 자원 문제를 걱정해서 나온 해결책이 아니라 비싼 석유 가격에 위기를 느낀 소비자가 보다 연비가 좋은 다른 회사의 차를 사지 않도록 하기 위함일 뿐이다. 또 환경에 대한 사람들의 관심이 최고조에 이르는 시기에 연비가 높은 차는 멋진 홍보 수단이 될 수 있다. 지금도 주요 자동차회사는 이런 식으로 좋은 이미지를 심어놓고, 여전히 연료 소비가 심한 고급 자동차를 대량으로 생산해 부자들에게 팔고 있다.

주요 석유기업의 경영자도 이와 비슷한 방법으로 대응한다. 그들은 깨끗한 환경을 위해 지속 가능한 에너지 자원을 탐색하고 있다는 내용의 광고를 내보낸다. 그리고 소비자의 장기적인 이익에 관심을 기지는 에너지 회시인 것처럼 홍보힌다. 하지만 기후학자나 지질학자가 머지않은 미래에 닥칠 재앙을 경고하며 압박을 가하면, 자신의 편이 되어줄 옹호자를 내세워 반론에 나선다.

석유기업의 편을 드는 사람들은 지구온난화에 딴죽을 거는 '쓰레기 과학'을 내세워 논점을 흐린다. 석유가 언젠가 고갈될 것이라는 확실한 정보는 언급하지 않고, 피크오일이 아직 멀었다고만 말한다. 석유의 수요가 급격히 늘어나는 시대적 수요를 충족시키기 위해 석유와 천연가스의 새로운 매장지를 계속 찾자고 주장한다. 즉 과거 세대의 질투를 살 만큼 뛰어난 과학기술로 무장한 석유회사가 새로운 석유공급원을 계속 찾아내면 된다는 것이다. 예를 들어 지구 궤도를 도는 인공위성을 이용한 지질학적 탐사에도 적극 찬성한다. 만일 새롭게 발견한 매장지가 바닷속이나 극지방이라면, 이런 곳을 개발하자면 극심한 환경파괴가 따를 위험이 크다. 하지만 석유기업을 옹호하는 사람들은 최대한 환경파괴를 줄일 테니까 개발을 허락해달라고 조른다.

미국의 정치 지도자들은 이들의 요구에 따라 멕시코 만과 알래스카에서 석유개발을 할 수 있도록 허용했다. 그런데 아니나 다를까 멕시코 만 개발 이후 루이지애나 주 남부 해안의 생태계가 무너지기 시작했다.

이곳의 삼각주는 미시시피 강 하류에서 씻겨 나가는 오일샌드가 바다와 미묘하게 균형을 이루며 생겨난 세계적인 규모의 습지이다. 빠른 속도로 개발이 진행되자, 습지의 균형은 한순간에 흔들렸다. 그 결과 지금도 이곳에서는 10개월마다 맨해튼 섬 크기의 땅이 바다로 쓸려 나가고 있다.

멕시코 만 원유 유출 사고

2010년 4월 20일, 미국 멕시코 만에서 석유시추 시설이 폭발하는 사고가 일어났다. 이후 사고 현장에서는 무려 다섯 달 동안이나 490만 배럴에 이르는 대량의 원유가 흘러나와 주위 바다를 오염시켰다. 또 현장에서 근무하던 직원 11명이 실종되었으며, 모두 숨진 것으로 추측된다.

멕시코 만 일대는 많은 생물의 서식지이자 멸종위기 동물의 천국이었다. 그런데 원유 유출 사고로 이곳에 있는 수십 개 야생 생물 보호구역 중 최소 10곳이 피해를 입었다. 지난 수십 년 동안 이곳의 환경을 보호하려고 수십억 달러를 들여온 루이지애나 주 정부는 큰 타격을 받았고, 그 피해는 계산하기가 불가능할 정도라고 발표했다.

어민들의 피해도 아주 컸다. 멕시코 만 지역은 미국 전체 해산물 중 5분의 1, 새우 중 4분의 3을 생산하던 곳이었다. 또 이곳에서 생산되던 굴은 미국 전체 굴 소비량의 67퍼센트를 차지했다. 하지만 원유 유출 사고로 파괴된 굴 양식장은 복구되는 데만 최소 20년 이상이 걸릴 것으로 보인다.

당시 버락 오바마 대통령은 사고 현장을 즉각 방문해 "원유 유출은 단순한 사고가 아니라 해안 주민과 지역 경제에 대한 공격이며 해안 주민들의 삶의 터전을 빼앗는 만행이나 다름없다."며, 사고를

>>> 크고 작은 원유유출 사고는 환경을 오염시키고 생태계를 마비시킨다.

일으킨 기업을 강력히 비판했다.

2005년 뉴올리언스 주에 엄청난 피해를 입힌 허리케인 카트리나도 많은 사람들에게 환경문제의 심각함을 일깨워주었다. 이 허리케인의 위력이 그토록 컸던 가장 큰 이유 중 하나가 석유개발을 위해 습지를 제거했기 때문이었다. 물을 머금을 수 있는 습지가 사라지자 해수면보다 지대가 낮은 뉴올리언스는 쉽게 물에 잠겼고, 역사상 유례가 없을 만큼 큰 홍수 피해를 입었다.

알래스카의 경우도 석유기업들이 적극적으로 로비를 벌여 개발을 승인받은 곳이다. 그러나 이곳은 조금만 잘못해도 환경이 파괴되기 쉬운 북극 야생보호구역이다. 석유기업은 미국이 석유를 덜 수입하려면 이곳을 개발해야 한다고 계속 주장했다. 하지만 전문가들은 이곳에서 생산될 석유로는 미국에 필요한 수입 석유 중 약 3퍼센트 정도만 대신할 수 있을 뿐이라고 지적했다.

이처럼 석유기업 경영자들의 전망이 정책을 세우는 사람들에게 영향을 끼치는 경우는 많다. 그러나 대부분의 기업 경영자는 먼 미래를 내다보지 않는다. 최고경영자나 투자자에게 중요한 것은 분기마다 숫자로 측정되는 경영 실적이기 때문이다. 그래서 엔지니어나 과학자가 더 많은 영향력을 행사할 수 있는 장기적인 계획을 세우기가 어렵다.

특히 최고경영자나 고위 간부가 회사에 업적을 남기고 그에 따라 커다란 보상을 거둘 수 있는 시간은 겨우 몇 년밖에 되지 않는다. 이들에게는 경영 실적을 올리는 데 직접적으로 영향을 주지 않는 기후변화, 피크오일, 환경파괴 등을 걱정하는 것이 시간낭비처럼 여겨진다. 그들의 목표는 회사를 위해서 이윤을, 주주들을 위해서 배당금을 거두는 것이다.

정치인도 마찬가지이다. 그들은 다음 선거가 있을 4, 5년 안에 결과가 드러나지 않는 일에는 그다지 관심이 없다. 예를 들어 정부가 2050년까지 온실가스 배출량을 감소시키겠다는 계획을 세운다고 치자. 유권자의 표에만 관심 있는 정치인은 이런 계획을 좋아하지 않는다. 선거를 몇 번이나 치르고 나서야 효과를 볼 수 있는 일을 하려고 높은 비용을 들였다가 유권자의 불만을 사게 될까 두렵기 때문이다.

집권 여당의 경우에도 자동차 배출 가스를 제한하거나 온실가스 배출을 감소시키는 엄격한 기준을 산업계에 제안하는 게 쉽지는 않다. 그에 따라 기업의 수익이 낮아지면, 실업이 발생하기 때문이다. 게다가 환경보존을 위해 세금까지 인상하면 여기저기서 정부에 대한 불만의 목소리가 높아질 것은 불을 보듯 뻔하다. 다음 선거에서도 정권을 차지해야 하는 정치인에게 그처럼 피하고 싶은 일도 없을 것이다.

환경파괴와 문명의 붕괴

물론 예전에도 재앙에 가까운 기후변화나 환경파괴가 아주 없지는 않았다. 중세시대 말에 지구에는 '소빙기Little Ice Age'가 찾아와 기온이 크게 낮아졌다. 이로 인해 북극 가까운 그린란드Greenland에 정착해 몇 세기 동안 살았던 바이킹Viking 족은 농업과 어업 활동을 제대로 할 수 없었다. 결국 이들은 기후변화에 적응하지 못해 몰락했고, 살아남은 사람들은 남쪽 지방으로 뿔뿔이 흩어졌다.

몇 세기 전 태평양의 작은 섬인 이스터 섬에서도 환경파괴로 인한 원주민의 몰락이 있었다. 한때 번영을 누렸던 이스터 섬 원주민들은 어선과 거대한 석상을 움직이는 데 필요한 썰매를 만들려고, 섬의 야자나무를 오랜 세월에 걸쳐 함부로 베었다. 결국에는 얼마 남지 않은 나무를 두고 부족끼리 치열한 경쟁을 벌이는 지경에 이르렀다. 욕심에 눈이 먼 원주민들은 나무를 더 많이 차지하기 위해, 자랄 여유도 주지 않고 전부 베어내는 어리석은 일을 저지르고 말았다. 나무가 없어 배를 만들지 못하지 바다로 나가 물고기를 잡을 수도 없게 되었고, 토양이 척박해져 농사를 짓기도 힘들었다. 게다가 좋은 식량이었던 나무 열매도 사라졌다. 모두 환경파괴가 불러온 재앙이었다. 결국 원주민들은 굶주림에 시달렸고, 1만여 명에 이르렀던 인구가 수천 명으로 줄어들며 쇠퇴했다.

《문명의 붕괴COLLAPSE》에서 저자 제레드 다이아몬드Jared Mason Diamond는 이스터 섬이나 그린란드 외에도 환경파괴 때문에 몰락한 여러 사회를 분석했다. 이 사회들은 기후변화와 피크오일의 쌍둥이 위기를 맞이한 오늘날 세계와 비슷한 점이 많다. 그래서인지 우리의 미래를 보는 듯하다. 하지만 이 사회가 보여준 몰락은 단순한 암시일 뿐 현실이 되지 않을 수도 있다. 무엇보다 현재 우리가 살고 있는 세계는 그린란드나 이스터 섬보다 자원이 훨씬 다양하고 규모가 크기 때문이다. 게다가 우리는 에너지를 생산하고 환경적 재앙을 피하기 위해 상황을 조정하고 기술을 개발할 수 있는 사회적 능력이 발달했다.

> 교통수단과 인터넷의 발달, 국제 교역과 세계화로 지구의 모든 나라는 제한된 자원을 놓고 무한경쟁을 벌이는 하나의 공동체가 되었습니다. 지구는, 이를테면 우주의 바다에 떠 있는 이스터 섬입니다. 이스터 섬의 역사는 지구촌 전체의 문명이 자체적으로 붕괴할 수 있다는 최악의 시나리오를 보여주는 강력한 상징입니다.
>
> – 제레드 다이아몬드, 《문명의 붕괴》, 2005년

그렇다 하더라도 기후변화와 피크오일은 인류 역사상 유례를 찾아볼 수 없는 도전이다. 고대 원시사회에서 현대에 이르기까지, 지

금처럼 인간 활동의 결과로 인해 전 세계가 함께 위기에 직면했던 적은 없었다. 그러므로 전 세계가 하나가 되어 이 사태에 대응하는 것은 아주 낯설고 독특한 도전이다.

주요 산업국가와 중국과 인도 등 경제적으로 급성장하고 있는 나라에서는 성장을 선호하는 경향이 우세하다. 그리고 이런 사실이 문제를 더 심각하게 만들고 있다. 성장만 좇는 것은 재앙을 피하기 위한 진지한 대처를 하지 않는 것이다. 이것은 돌이킬 수 없는 기후변화와 피크오일을 향해 곤두박질치는 행위나 마찬가지이다. 그런 면에서 오늘날의 세계를 이스터 섬과 비교하는 것은 끔찍하기는 해도 설득력이 전혀 없지는 않다. 이스터 섬에서 마지막 나무 한 그루를 잘라낸 사람은 자신의 행동이 얼마나 심각한 결과를 불러올지 몰랐을 것이다. 마찬가지로 오늘날의 세계에서도 누가 마지막 남은 석유 한 통을 소비하고, 그것이 어떤 결과를 불러올지는 매우 심각한 문제이다.

대체 에너지의 개발

그 누구도 마지막 한 통의 석유를 써버리는 그날이 오지 않기를 바랄 것이다. 하지만 핵심은 그런 재앙의 날이 오지 않도록 어떻게 예방하느냐에 있다. 기업과 정부의 실권을 쥔 사람들이 현재의 방침을 고수해야만 막대한 이득을 볼 수 있다면, 과연 재앙의 날로 가는 그 길에서 어떻게 벗어날 수 있을까?

현재 권력을 잡고 석유에서 오는 이익을 마음껏 누리는 사람들이 특히 좋아하는 해결책이 있다. 아마도 가능한 해결책 중에서 손을 가장 적게 대는 방법일 텐데, 바로 시장경제 그 자체가 필요한 변화를 일으킬 것이라는 생각이다. 즉 석유의 공급이 줄어들고 수요가 늘어나면 시장경제의 원리상 유가가 자연스럽게 상승할 것이라는 주장이다.

시장경제의 원리에 따르면 유가가 상승할 경우 과학자, 엔지니어, 기업가는 혁신을 꾀하도록 자극받는다. 그 결과 이들은 사업과 운송에서 에너지 효율성을 높이려고 노력할 것이다. 우선 휘발유를 너무 많이 소모하는 자동차는 비경제적이므로 생산하지 않고, 에너지를 낭비하는 산업 공정은 더욱 효율적인 다른 공정으로 대체한다. 예를 들어 과일, 채소, 곡물, 소고기와 같은 농축산물의 수입을 줄이고, 더 가까운 곳에서 생산되는 먹거리로 바꿀 것이다. 에너지 가격이 지금과 같은 추세로 계속 상승한다면, 100년도 채 지나지 않아 운송비는 그 어느 때보다 더 중요한 요소가 되기 때문이다.

지금은 회사 간부와 법인 고문 변호사가 직접 만나 회의를 하려고 먼 곳까지 출장을 간다. 하지만 이것도 변할 것이다. 석유 가격이 오르면 비행기 운임도 오르기 때문이다. 의사결정자는 출장을 가는 대신 화상회의를 하거나 메일로 업무를 처리할 것이다.

이렇게 생활 곳곳에서 에너지 절약이 실현되는 가운데 새로운 에너지 자원도 개발되고, 새롭게 석유를 생산할 수 있는 방법도 찾아낼 것이다. 그 결과 예전에 방치해두었던 작은 규모의 유전에서도 석유를 생산하고, 이미 뽑았던 유전에 남아있는 석유도 새롭게 추출해낼 것이다. 또 오일샌드와 오일셰일 개발 그리고 석탄 액화 과정을 통해 석유를 생산하는 비용도 대폭 줄일 수 있도록 경제성을 향상시킬 것이다. 현재 이런 형태의 잠재적인 탄소연료가 액체 석유보다 매장량이 훨씬 많은 것으로 파악되고 있다. 결국 고유가는 새롭게 석유가 공급될 길을 열어주고, 이렇게 생산된 석유는 수십 년 동안 세계적으로 필요한 양을 충족시킬 수 있게 될 것이다.

이처럼 시장경제 체제를 통한 해결책을 지지하는 사람들은 자유로운 경쟁의 힘을 믿는다. 서로 더 많이 팔려고 경쟁하다 보면, 더 싸고 실용적인 대체 에너지가 개발되기 때문이다. 사실 몇몇 대체 에너지는 이미 광범위하게 사용되고 있는데, 그중 가장 활발히 사용되는 것은 원자력 에너지이다.

하지만 원자력발전에는 원전 사고의 위험뿐만 아니라 핵폐기물의 처리와 같은 심각한 문제가 따라다닌다. 체르노빌이나 후쿠시마에서 일어난 원자력발전소 사건은 원자력 에너지와 관련된 재앙이

체르노빌 원자력발전소 사건 이후 폐쇄된 현장과 희생자 추모비.
발전소 주변 30km 안으로는 사람이 들어갈 수 없는 폐허가 되었고,
그 후유증은 여전히 남아 있다.

얼마나 무서운지를 너무도 잘 보여주었다.

1986년에 우크라이나에서 발생한 체르노빌 사건으로 인해 47명이 사망했고, 핵폐기물이 공중으로 흩어지면서 근처에 사는 주민 9,000여 명이 피폭당했다. 그 결과 체르노빌 주변 지역에서는 암으로 인한 사망과 기형아 출산이 급격히 증가했다. 체르노빌 사건의 간접적 영향으로 사망한 사람이 20만 명에 이른다는 그린피스 Greenpeace의 발표도 있었다.

2011년에 일본에서 발생한 후쿠시마 원자력발전소 사건이 입힌 피해 규모도 그에 못지않다. 대지진과 쓰나미로 발전소의 원자로 격벽이 붕괴되자 막대한 양의 방사능 오염수가 쏟아졌다. 방사능은 아주 적은 양으로도 사망과 기형에 이르게 만드는 위험한 물질인데, 후쿠시마에서 흘러내린 위험 물질이 전 세계 바다를 오염시키고 있다.

일본 정부는 후쿠시마 원자력발전소 사고로 1년 예산의 절반에 해당하는 경제적 피해를 입었다고 발표했다. 이 사건으로 일본인들 사이에서는 원자력발전에 반대하는 목소리가 그 어느 때보다 높아졌다. 그 결과, 사고 당시 일본에서 가동 중이던 총 38기의 원자력발전소가 2012년에는 단 2기만 가동하는 것으로 대폭 축소되었다.

원자력발전에 따라오는 핵폐기물은 인간이 처리할 수 있는 여느 오염 물질과 다르다. 이 폐기물에서는 수천 년 동안 방사능이 나온다. 이 말은 원자력발전이 계속되면 우리 후손들은 쌓여가는 핵폐기물을 안전하게 처리하는 문제로 고민해야 한다는 뜻이다.

핵폐기물에서 나온 방사능 물질은 폭탄을 만드는 데도 이용될 수 있다. 이런 폭탄은 핵폭발 수준까지는 아니라도 대량 살상이 가능한 무기이고, 일단 터지고 난 뒤에는 수십 년 동안 피폭 지역을 오염시킨다. 이미 많은 국가의 안보 기관에서는 테러범이 핵폐기물을 입수해 폭탄을 만들까 봐 크게 걱정하고 있다.

이처럼 원자력에는 문제가 많다. 그럼에도 유럽과 북미 사람들은 여전히 새로운 원자력 시설을 만들려고 노력 중이다. 현재 널리 쓰고 있는 천연가스의 가격 상승과 석유공급량에 대한 불안 때문이다. 하지만 다른 한편에서는 많은 나라가 재생 가능한 다양한 에너지 자원으로 연료를 생산하려는 계획을 추진 중이다. 그 대표적인 예가 나무, 곡물, 심지어는 동물 거름으로 만든 바이오매스 연료이다. 이 연료를 휘발유와 혼합하면 자동차를 가동시킬 수 있다. 몇몇 지역에서는 버스의 연료로 수소가 사용되기도 한다.

다른 재생 가능한 에너지 자원으로는 풍력이 있다. 풍력발전이 적합한 지형에 수많은 풍차를 세우고, 풍차의 날개가 바람을 타고 돌아가는 힘으로 에너지를 얻는다. 예를 들어 로스앤젤레스에서 외곽 지역으로 빠지는 고속도로 양옆에는 산봉우리가 터널 모양으로 배열되어 있다. 그 모양은 마치 바람이 지나갈 수 있는 거대한 통로

와 같다. 이 천연 터널의 산봉우리를 따라 풍차가 늘어서 있고, 풍차
의 날개가 바람에 따라 돌며 웅웅거리는 소리가 들린다. 이 소리는
바람이 에너지를 만들고 있다는 반가운 표시이다.

세계 곳곳에서 가장 흔하게 사용되는 재생 가능한 에너지 자원은
태양열이다. 태양 전지판은 태양 에너지를 모아 주택의 난방이나
불을 밝히는 데 쓸 전기를 만들어낸다.

한편, 캐나다의 토론토 시는 독특한 방법으로 천연 에너지를 활
용한다. 여름이면 온타리오 호의 차가운 물을 펌프로 퍼내 냉방장
치에서 활용한다. 물론 전력 수요가 최고로 몰리는 시간에는 어쩔
수 없이 석탄 화력발전소에서 만든 전력도 사용해야 한다.

캐나다 노바스코티아Nova Scotia 지방에서는 꽤 오래전부터 펀디
만Bay of Fundy에 조력발전소를 세우려는 계획을 검토하고 있다. 펀
디 만은 조수의 힘이 전 세계에서 가장 세기 때문에 조력발전을 하
기에 적합하다. 조력발전에서는 주로 썰물 때 물이 바다로 빠져나
가는 힘으로 전력을 생산한다. 프랑스는 이미 브르타뉴 해안 지역
에서 대규모의 조력빌진소를 운영한다. 재생 가능한 에니지 자원을
이용하는 이런 방법들은 모두 시장이 보내는 신호에 대응해 다양한
에너지 자원을 개발하기 위한 것이다.

주의할 것은 시장이 기후나 환경 변화보다는 석유 가격이 오르고
내리는 것에 더 민감하게 반응한다는 사실이다. 즉 시장은 기껏해

야 가격 급등이나 폭락에 맞서 대응할 뿐이다. 기후변화나 피크오일 같은 근본적 문제를 해결하기 위해 새로운 길을 개척하지는 못한다. 수요와 공급이라는 시장의 신호는 일단 시장이 형성되어 특정 제품과 서비스가 유통된 후에만 효과가 나타나기 때문이다.

완전히 새로운 제품이나 서비스를 만드는 진정한 혁신은 시장이 신호를 보내기 전부터 시작되어야 한다. 최초의 컴퓨터나 인터넷을 만든 사람처럼, 진정한 혁신가는 미래에 만들어질 새로운 시장을 예상해야 한다. 시장은 혁신의 결과에 따라 얼마든지 흐름이 바뀔 수 있다. 기후변화나 피크오일 문제를 해결하기 위해서도 시장의 흐름까지 주도할 수 있는 혁신적인 대체에너지 개발이 필요하다.

개발인가 환경인가

거듭 말하지만, 자유 시장경제는 피크오일과 기후변화에 완벽하게 대응할 수 있는 해결책이 아니다. 이 문제는 정치인들과 기업가들도 어느 정도 역할을 감당해야 한다. 기후와 환경에 대해 이런 생각을 가진 사람들이 초안을 만들고, 주요 국가의 동의를 얻어낸 결과가 있다. 바로 교토의정서이다. 이 의정서는 온실가스 배출량을 줄이기 위한 구체적인 실천 방안을 담고 있다.

국가별 온실가스 배출량의 감소 방안을 담은 국제 협약이다. 1997년 12월 일본 교토에서 개최된 기후변화에 대한 대책 총회에서 채택되었기 때문에 간단히 '교토의정서'라 불린다. 교토의정서는 주로 탄산가스 배출량에 초점을 맞추어 국가별 목표를 제시하고 있다. 지구온난화를 일으키는 온실가스 중에는 탄산가스의 배출량이 가장 많기 때문이다.

주요 내용은 캐나다, 미국, 일본, 오스트레일리아, 유럽연합 등 총 38개 국가에서 제1차 의무 이행 기간(2008년~2012년)과 2차 의무 이행 기간(2013년~2017년)에 온실가스 총 배출량을 5퍼센트 정도 줄이는 것이다. 지난 2012년 말, 1차 공약 기간이 만료되면서 2차 공약 기간을 2020년까지 연장하기로 합의했다. 그러나 배출량이 세계 최고 수준인 미국은 1차 이행 기간부터 빠졌고, 러시아, 일본, 캐나다, 뉴질랜드마저 2차 이행 기간에는 불참하겠다고 밝혔다.

이외에 선진국들이 서로의 배출량을 사고 팔 수 있도록 한 배출권 거래제도, 다른 나라에서 달성한 온실가스 감축실적도 해당국 실적으로 인정해 주는 공동 이행제도, 선진국 기업이 개발도상국에 투자할 때 얻은 온실가스 감축 분량을 자국의 온실가스 감축 실적에 반영할 수 있게 하는 청정 개발체제의 내용도 포함하고 있다.

환경에 대한 의식은 전 세계적으로 지역에 따라 다르게 성장하고 있다. 유럽은 미국보다 훨씬 적극적으로 기후변화가 불러일으킬 위험에 대응한다. 독일에서는 녹색당이 가장 중요한 역할을 하고 있는데, 지난 수십 년 동안 강력한 정치 운동을 벌이며 교토의정서를 지지해왔다. 한편 캐나다는 자유당이 정권을 잡았던 시기에 교토의 정서를 비준했다. 하지만 그 후 온실가스 배출량은 오히려 크게 증가했다. 캐나다는 오일샌드 개발로 큰 이익을 보고 있는데, 문제는 오일샌드에서 석유를 추출하는 과정에 엄청난 양의 수질오염과 온실가스 배출이 뒤따른다는 사실이다. 현재 캐나다 정부는 오일샌드 개발 속도를 늦추는 대신에 온실가스를 줄이려는 노력을 포기했다. 오일샌드 개발을 늦추는 것은 캐나다 경제발전에 큰 걸림돌이 되기 때문이다.

캐나다는 한 걸음 더 나아가 2011년 12월에 남아프리카공화국 더반에서 열린 제17차 기후변화협약 총회 직후, 아예 교토의정서에서 탈퇴하겠다고 선언했다. 영국 정부는 대변인을 통해 이를 강력히 비판했다. "온실가스 배출량을 줄이는 데 돈이 드는 것은 사실이지만 아무것도 하지 않음으로써 치러야 하는 대가는 더 막대할 것"이라며, 눈앞의 이익에 눈이 멀어서는 안 된다고 경고했다.

> 캐나다의 교토의정서 탈퇴는 국제 공동체의 노력에 반하는 유감스러운 일이다.
>
> — 류웨이민, 중국 외교부 대변인, 2011년

캐나다의 교토의정서 탈퇴에 유감을 표한다. 캐나다는 스스로
와 미래 세대를 위해 국제적 노력을 기울일 도덕적 의무가 있다.

교토의정서는 지구온난화를 해결하기 위해 목표를 세우는 데 그
치지 않고 세계 여러 국가가 협약을 맺어 적극적으로 실천할 수 있
는 방안을 제시했다는 점에서 중요하다. 하지만 아무리 많은 나라가
교토의정서의 목표를 달성한다 해도 미국과 캐나다처럼 온실가스
배출의 주범인 나라가 불참한다면 별 의미가 없다. 재앙으로 가는
길에서 속도만 느려질 뿐 완전히 벗어나기는 힘들기 때문이다.

하지만 북미와 세계 다른 지역에서도 환경에 대한 인식이 차츰
성장하고 있다. 더 이상 유럽만 이 문제에 홀로 대처하며 외딴 녹색
섬처럼 겉도는 것은 아니다. 특히 미국에서는 캘리포니아 주 정부
가 온실가스 감축을 위해 기울인 노력이 어느새 전국적 지지를 받
고 있다. 캐나다의 퀘벡 주에서는 그 지역 안에서만이라도 교토의
정서의 목표를 달성하려는 움직임이 일고 있다. 퀘벡 사람들의 이
런 생각은 캐나다 연방정부의 정치에도 영향을 끼칠 것이다.

기후변화나 피크오일에 대한 보고서도 잇따라 발표되었다. 그 내
용은 대부분 인류가 이 문제에 아무런 조치를 취하지 않았을 때 일

>>> 인류는 지구온난화와 환경파괴를 멈추어야 한다는
낮설고 두려운 도전과 마주하고 있다.

어날 무서운 결과를 경고하는 것이다. 이런 꾸준한 경고와 교육 덕분에 사람들의 환경의식은 성장했다. 이미 선진국에서는 환경 문제에 대해 전망이나 해결책을 제시하지 못하는 정치인은 국민들에게 배척당할 위험에 직면했다.

현재 인류의 미래를 실은 거대한 배는 지구온난화와 환경파괴라는 재앙을 향해 거침없이 달려가고 있다. 지구에서 쥐어짜낸 석유로 경제적 부를 쌓아가는 추진력도 거세다. 하지만 이를 막기 위한 힘은 너무나 미약하다.

다행히 아직 시간이 있다. 역사상 인류가 이런 위기를 맞은 적이 없었지만, 돌이킬 수 없는 위기를 향해 곤두박질치고 있는 것만은 아니다. 커다란 전환점을 앞에 두고 낯설고 두려운 도전과 마주하고 있을 뿐이다. 한쪽에서는 지구가 주는 경고를 깨달은 사람들이 당장 방향을 바꾸려고 하지만, 다른 편에서는 경제, 정치, 군사, 문화의 지배층에 있는 사람들이 계속해서 특권을 누리기 위해 변화를 거부하고 있다. 누가, 어떻게 이들을 설득할지는 우리가 함께 풀어가야 할 최대의 과제이다.

1846년

캐나다의 지질학자 에이브러햄 게스너 박사가 석탄을 등유로 정제하는 기술을 발견함.

1848년

당시 러시아제국의 일부였고, 현재 아제르바이잔공화국의 수도인 바쿠 근처에서 유정을 뚫음.

1852년

폴란드의 약사인 이그나치 루카시에비치가 석유를 등유로 정제하는 방법을 알아냄.

1999년

북해의 하루 석유생산량이 450만 배럴로 최고치를 기록함.
전 세계에서 추출 가능한 석유의 50퍼센트를 생산한 해.

1986년 4월

우크라이나 체르노빌의 원자력발전소에서 핵 원자로가 폭발해 대량의 방사능이 누출되는 사고가 발생함.

1982년~1986년

석유가격이 배럴당 10달러 밑으로 내려가면서 OPEC이 세계 유가에 대한 지배력을 상실함.

1979년

이란 혁명의 여파로 전 세계 유가가 다시 2배 상승함.

2006년 봄

전 세계 유가가 배럴당 70달러에 이름. 2006년 9월 배럴당 60달러로 하락하기 전까지 배럴당 80달러를 넘어서기도 함.

2006년

북해의 하루 석유생산량이 290만 배럴로 하락함.

2006년

스웨덴 정부가 앞으로 15년 후까지 석유 사용을 단계적으로 완전히 중단하는 목표 설정함.

2007년

11월에 전 세계 유가가 배럴당 98달러에 도달함.

2014년 2월

국제 유가가 배럴당 100달러에서 오르내림.

2013년 3월

러시아 국영 석유기업 로즈네프트사가 러시아와 영국의 합작 에너지 기업인 TNK-BP의 지분을 모두 인수해 세계 최대의 석유기업이 됨.

1858년

온타리오 주 페트롤리아에서 북미 최초로 유정을 뚫음.

1859년

펜실베이니아 주 타이터스빌에서 유정을 뚫어 미국의 석유시대가 시작됨.

1861년

바쿠에서 러시아 정유공장이 건설되고, 단기간에 전 세계 석유생산량의 90퍼센트를 생산함.

1870년

존 D.록펠러가 공동 출자 형식으로 스탠더드 오일을 설립함.

1911년

미국 대법원은 스탠더드 오일이 독점 행위로 트러스트금지법을 어겼다는 판결을 내리고 38개 회사로 강제 분리함. 이후 이 회사들은 세계 석유산업의 주요 기업이 됨.

1973년 12월

전 세계 유가가 배럴당 3달러에서 12달러 가까이로 4배 상승함.

1960년

베네수엘라의 주도하에 주요 석유수출국들이 OPEC을 창설.

1945년

프랭클린 D. 루스벨트 미국 대통령이 사우디아라비아의 왕과 회담. 그때부터 미국은 중동의 석유매장량이 자국의 안보에 중요하다고 판단함.

2008년 1월

최초로 배럴당 100달러를 돌파함.

2008년 7월

석유 수요 급증으로 인해 사상 최고가인 배럴당 144달러를 기록함.

2008년 9월

미국에서 발생한 리먼브라더스 사태로 글로벌 금융 위기가 닥침.

2008년 12월

국제 유가가 배럴당 33달러까지 폭락함.

2013년 1월

오스트레일리아 중부에서 최대 2,330억 배럴의 석유가 매장된 셰일층을 발견함.

2011년 3월

일본 동북부 지방에 대규모 지진과 쓰나미가 닥쳐 후쿠시마 원자력 발전소가 침수되고, 이어진 수소폭발로 막대한 양의 방사능이 누출됨.

2011년 1월

꾸준히 오른 유가가 배럴당 100달러 선을 넘음.

2010년 4월

미국 멕시코 만에서 BP의 석유 시추 시설이 폭발, 원유 유출 사고가 발생함.

- **국유화** nationalization : 산업이나 기업의 소유권을 국가가 갖는 것.

- **나프타** naphtha : '땅에서 스며나온 것'을 뜻하는 페르시아어 '나프트naft'가 어원으로, 정제되지 않은 가솔린을 의미한다. 나프타는 원유를 증류할 때 35~220℃에서 나오는 성분으로, 도시가스 합성원료, 석유화학공업 원료, 합성비료 등으로 쓰인다.

- **남북전쟁** American Civil War : 1861년~1865년에 미합중국의 북부와 남부가 벌인 내전. 4년에 걸친 격전 끝에 남부가 패했다. 남북전쟁의 직접적인 동기는 주가 연방으로부터 분리·탈퇴하는 것이 헌법에서 인정되는가에 관한 문제였다. 이 밖에 노예제도와 관련된 동서남북 각 지역 간의 이해 대립 등 많은 문제가 얽혀 벌어진 전쟁이었다.

- **담수** fresh water / **염수** saline water : 물 1L 속에 총 염분의 함유량이 0.5g 이하면 담수, 초과하면 염수이다. 자연계에 존재하는 물 중에 바닷물이나 함수호의 물은 염수이고, 바닷물을 제외한 육지 표면이나 근처의 물은 대개 담수이다. 담수에는 약간의 염분이 있으므로 순수한 물과는 다르다.

- **독트린** doctrine : 원래 종교의 교리나 교의를 뜻하는 말이지만 정치적 주의, 학문적 신조를 나타내기도 한다. 주로 외교 노선의 기본 지침을 천명할 경우에 쓰였다.

- **로열티** royalty : 특정한 권리를 가진 사람에게 이용자가 지불하는 대가.

- **리베이트** rebate : 상품이나 서비스를 제공한 대가의 일부를 지불인에게 되돌려주는 일이나 돈.

- **바이킹** viking : 8세기 말~11세기 초 해상으로부터 유럽·러시아 등에 침입한 노르만족(북게르만족). 이들의 고국인 스칸디나비아에 많이 있는 협강vik에서 유래한 말로 '협강에서 온 사람'이란 뜻이다.

- **배럴** barrel : 1배럴은 158.97리터이다. bopd, bpd라고도 표기하는데, 석유량을 표기할 때 가장 많이 사용된다. 19세기 미국 펜실베이니아에서 생산한 원유를 수송할 때 나무통을 사용한 데서 유래되었다. 당시에는 1배럴이 50갤런이었으나 현재는 42갤런인데, 나무통으로 석유를 운반한 탓에 도중에 기름이 증발하거나 새는 바람에 목적지에 도착했을 때는 평균 42갤런밖에 남지 않았기 때문이다.

- **산유국** oil-producing country : 자국의 영토나 영해에서 원유를 생산하는 나라.

- **삼각주** delta : 하천 하류에 삼각형 모양으로 만들어지는 퇴적지형. 영어로 ‘delta’라는 명칭은 그리스문자 Δ ^(델타)와 비슷하게 생겨 지어진 이름이다. 삼각주는 퇴적되는 막대한 양의 토사로 인해 기존의 물 흐름이 반복적으로 꺾이고 우회하면서 만들어진다.

- **석탄 액화** liquefaction of coal : 석탄에 수소를 첨가하여 석유 모양의 액체가 되게 하는 일. 수소의 첨가량과 첨가 조건에 따라 액화법과 생성물이 달라진다. 수소 첨가량이 증가할수록 고체에서 액체 제품으로 변하지만, 생산비가 비싸다.

- **셰일가스** shale gas : 오랜 세월 동안 모래와 진흙이 쌓여 단단하게 굳은 탄화수소가 퇴적암 ^(셰일)층에 가스형태로 매장되어 있는 것.

- **수니파** suunis / **시아파** shiis : 수니파는 이슬람교도의 약 85~90퍼센트를 차지하는 다수파로, 스스로 정통파라고도 부른다. 무함마드가 후손을 남기지 않고 사망하자 칼리프라고 불리는 이슬람 공동체의 통치자를 무함마드의 합법적 후계자로 인정한 파다. 반면에 시아파는 무함마드의 사촌인 알리와 그의 자손만이 정당한 후계자이며, 무슬림 공동체의 최고지도자이자 종교지도자인 ‘이맘’이라고 주장한다. 즉, ‘수니’란 말은 코란과 함께 ‘무함마드의 순나 ^(말과 행동, 관행)를 따르는 사람’을 의미하며 ‘시아’는 ‘알리와 그 후손들을 따르는 사람 ^(시아트알리)’을 말한다.

- 수소에너지 hydrogen energy : 석유와 석탄의 대체 에너지원으로서의 수소를 말한다. 원료가 물이고, 연소하더라도 연기를 뿜지 않기 때문에 미래의 무공해 에너지원으로 중시되고 있다. 현재 값싸게 대량생산할 단계에는 이르지 못했으며, 원자력발전의 전력으로 물을 전기분해하는 방법이 있지만 효율이 낮고 핵연료를 쓴다는 점에서 부정적인 견해가 많다.

- 스커드 미사일 scud missile : 구소련이 개발한 지상전투지원용 미사일 시리즈. 스커드란 이름은 북대서양조약기구(NATO)에서 붙였다. 동구권 외에 이라크와 시리아 등에 공급돼 있는데, 1991년 걸프전 때 이라크가 이스라엘을 공격하기 위해 사용하면서 널리 알려졌다.

- 시추 boring : 지각 내부의 상황을 알기 위해 또는 석유, 천연가스, 온천, 지하수 등을 채취하기 위해 지각 속에 구멍을 뚫는 일.

- 온실가스 Greenhouse gases : 지구온난화를 일으키는 6가지 기체. 수증기, 이산화탄소, 메탄이 있으며 이외에도 일산화이질소(아산화질소), 염화불화탄소(프레온) 등이며 이 가운데 이산화탄소가 절반 이상을 차지한다. 자연적인 온실효과를 일으키는 데는 수증기가 가장 큰 역할을 맡고 있지만, 1985년 세계기상기구(WMO)와 국제연합환경계획(UNEP)은 이산화탄소가 온난화의 주범이라고 공식 선언했다.

- 이슬람 원리주의 Islamic fundamentalism : 이슬람 교리를 정치와 사회 질서의 기본으로 삼아 이슬람교의 원점으로 돌아갈 것을 주장하는 이슬람화운동이다. 이슬람근본주의, 이슬람개혁운동, 이슬람정통주의라고도 한다. 코란의 근본정신으로 돌아가자는 움직임은 9세기경 압바스 왕조 시대부터 있었으나, 전통적이고 과격한 이슬람 신자를 이슬람근본주의자로 부르기 시작한 것은 1940년 이후이며, 최근에는 이슬람원리주의라는 말로 널리 쓰인다.

- **자유무역협정** Free Trade Agreement, FTA : 특정 국가 간의 상호 무역증진을 위해 물자나 서비스 이동을 자유화시키는 협정. 나라와 나라 사이의 무역장벽을 완화하거나 철폐하여 무역자유화를 실현하기 위한 특혜무역협정이다.

- **지각** earth crust : 지구의 가장 바깥쪽 표면을 구성하는 부분. 피자의 가장자리를 크러스트(crust)라 하는 것처럼 지구의 가장자리인 지각을 말한다.

- **추축국** Axis-Powers : 제2차 세계대전에서 미국, 영국, 소련 등의 연합국과 싸웠던 나라들이 맺은 국제 동맹. 아돌프 히틀러의 나치Nazi 독일과 베니토 무솔리니의 파시스트 이탈리아가 1936년 10월 25일에 맺은 우호 협정이 기초가 되었다. 무솔리니는 두 나라가 유럽과 세계의 국제 관계에 큰 변화를 일으킬 추축이 될 것이라고 선언하였고, 여기에서 추축국이라는 말이 시작되었다.

- **탐사** exploration : 유전이나 광산, 탄전 등의 개발을 위해, 원소나 광물이 지각 내에 모여 있는 광상을 발견하고 그 상태와 규모 등을 알아내는 작업.

- **파라핀 왁스** paraffin wax : 석유에서 얻어지는 고체의 탄화수소혼합물. 고형 파라핀이라고도 한다. 고체에서 액체로 변할 때의 온도에 따라 분류되어 양초, 파라핀지 등의 제조에 사용된다.

- **파시즘** fascism : 제1차 세계대전 후 이탈리아의 무솔리니가 주장한 이념으로, 국수주의적이고 권위주의적이며 반공적인 정치적 이념이나 운동을 일컫는다. 자유주의를 부정하고 폭력적인 방법에 의한 일당 독재를 주장하여 지배자에 대한 절대적인 복종을 강요한다. '묶음'을 뜻하는 이탈리아어 '파쇼fascio'에서 나온 말이다.

• 책

《검은 눈물, 석유》, 김성호 지음, 미래아이, 2009년

석유는 어떻게 생기는 것이며 어떻게 처음 사용하게 되었는지, 석유가 우리 생활에 어떤 영향을 끼치는지 알려주는 책. 석유를 바로 지금 우리의 자리에서 살펴볼 수 있도록 돕고, 그 의미를 생각해 보게 한다.

《문명의 붕괴》, 제레드 다이아몬드 지음, 김영사, 2005년

과거에 있었던 위대한 문명이 붕괴된 원인과 현대 사회에 닥친 위기를 설명하고 있다. 이스터 섬과 마야 그리고 그린란드의 종말과 대비해 아이슬란드와 뉴기니의 고원 지대가 보여주는 성공의 사례를 들어, 오늘날 우리가 나아가야 할 방향을 제시한다.

《방사능은 정말로 위험할까?》, 장 마르크 카브동 지음, 민음인, 2006년

방사능이란 무엇일까? 원자력 발전소는 정말 위험할까? 방사능의 정체와 인체에 미치는 영향 그리고 방사선 피폭에 따른 위험이 무엇인지 알려주는 책. 방사능에 대한 막연한 두려움을 깨고, 실제적이고 논리적인 접근으로 이해할 수 있도록 돕는다.

《온실 효과, 어떻게 막을까?: 교토의정서와 함께 생각해보는 지구 환경 이야기》, 로제 게느리 지음, 민음인, 2006년

온실 효과란 무엇이며, 이를 해결하기 위한 노력들을 소개한다. 특히 교토의정서가 과연 기후 문제에 적합한 방안인지 검토하고, 전 지구적 차원에서 지구 환경을 되살리는 진전된 방안을 찾아본다.

《재생 에너지란 무엇인가?》, 폴 마티스 지음, 민음인, 2006년
에너지란 무엇인가를 시작으로, 현재 쓰이고 있는 화석 에너지의 문제점을 짚어주며
미래 에너지원인 재생 에너지를 소개하는 책. 수력, 풍력, 지열, 바이오매스, 태양 에
너지, 수소 에너지 등의 장단점을 설명하고 에너지 문제의 해결 방안을 모색한다.

《지구별에서 함께 살아가기: 인물로 읽는 환경 이야기》, 박강리 지음, 해나무, 2008년
《침묵의 봄》의 지은이 레이첼 카슨, 침팬지와 함께 한 동물학자 제인 구달 등 일곱 인
물의 이야기로 환경문제를 조명했다. 저자는 문제와 해결 방법의 차원에서가 아니라
환경과 사람의 '관계'를 중심으로 지구 생태계를 이해해야 한다고 주장한다.

《청소년을 위한 환경교과서》, 클라우스 퇴퍼 · 프리데리케 바우어 지음, 사계절,
2009년
환경 분야의 국제적인 전문가인 두 저자가 청소년을 위해 쓴 책. 빈부격차, 물 부족,
해상 기름 유출, 기후변화와 교토의정서 등 최근 100년 사이에 벌어진 환경 문제를
10가지 주제로 모았다. 저자들이 주고받는 의견을 통해 독자들은 더 큰 눈으로 환경
을 이해할 수 있게 된다.

《최열 아저씨의 지구촌 환경 이야기》1 · 2, 최열 지음, 청년사, 2002년
먹을거리, 쓰레기, 물, 공기, 에너지, 생태계라는 주제를 두 권에 걸쳐 다루고 있다.
친근한 말투로 이야기하듯 들려주고 있어 독자가 스스로 환경보호 의식을 깨우치고
실천할 수 있도록 돕는다.

• 영화

〈더 파이프 The Pipe〉, 리스테드 오돔네일 감독, 2010년

천연가스 수송관을 설치하려는 다국적 기업과 그에 맞선 아일랜드 사람들의 상처와
투쟁을 다룬 다큐멘터리 영화. 2011년 서울환경영화제 국제환경영화경선에서 대상
을 수상했다.

〈비스트 Beasts of the Southern Wild〉, 벤 제틀린 감독, 2012년

문명화된 삶을 거부하고 자연과 더불어 사는 순수한 섬사람들의 판타지 드라마. 우
주의 균형이 깨어지고 폭우로 침수될 위기에 처한 욕조섬(The BATHTUB)과 어린 소녀
허쉬파피의 이야기를 감동적으로 담아냈다. 칸영화제 황금카메라상과 선댄스영화
제 심사위원대상을 수상했다.

〈아마존의 검은 눈물 The Blood Of Kouan Kouan〉, 요르고스 아브게로폴로스 감독, 2008년

아마존의 열대 처녀림에서 벌어지고 있는 범죄를 그린 다큐멘터리 영화. 석유회사가
정글에 내다버린 엄청난 양의 폐유로 인해 원주민들이 겪는 고통과 희생을 그렸다.

〈얼음의 땅, 깃털의 사람들 People of a Feather〉, 조엘 히스 감독, 2011년

세상에서 가장 따뜻한 솜털오리 깃털로 북극의 겨울을 나는, 사니킬루악 마을의 이
누이트들의 모습을 그린 다큐멘터리. 기후변화와 대도시의 수력발전소로 인해 변화
를 겪게 되는 이누이트들을 만나게 된다. 2012년 서울환경영화제 심사위원 특별상을
수상했다.

• 웹사이트

국제에너지기구 International Energy Agency

www.iea.org

1976년 1월에 발족하였다. 제1차 석유파동 이후 산유국 모임인 석유수출국기구OPEC 의 석유공급 삭감에 대항하기 위해 주요 석유소비국에서 만든 에너지 계획의 실천기 관이며 OECD의 산하기관이다. 국제석유시장에 대한 정보 공유를 통해 석유공급 위 기에 대비하고, 대체에너지 개발과 석유수급 비상시 회원국 간 공동대처 방안 등을 마련하는 것이 주요 목적이다.

글로벌녹색성장기구 Global Green Growth Institute

www.gggi.org

우리나라가 주도해 2010년 설립한 기구로, 2012년 6월 20일 개막한 유엔 지속가능발 전 정상회의(리우+20)를 거쳐 국제기구로 공인되었다. 2010년 6월 서울에 설립한 개발 도상국의 저탄소 녹색성장 전략을 지원하기 위한 싱크탱크 및 행동지향기구이다. 창 립회원국은 우리나라 외에 덴마크, 호주, 캄보디아, 코스타리카, 에티오피아, 가이아 나, 키리바시, 멕시코, 노르웨이, 인도네시아, 파라과이, 파푸아뉴기니, 필리핀, 카타 르, 영국, 아랍에미리트, 베트남이다.

세계석유회의 World Petroleum Congress

www.korea-petroleum.or

세계석유협의회World Petroleum Council가 주관하는 회의. 석유와 관련된 국제 이슈들을 토의하고 기술 개발과 협력을 도모하기 위해 1933년에 런던에서 시작되었다. OPEC과 비석유수출국기구Non-OPEC 국가들을 포함하여 60여 개 국가가 참가 중이고, 우리나라는 1997년에 가입했다. 회의는 3년마다 열리며, 2011년에는 카타르 도하에서 개최되었다. 회의 개최 시에는 관련된 전시회도 함께 열린다.

세계에너지총회 World Energy Congress

www.daegu2013.kr

세계 최대 민간 에너지기구인 세계에너지협의회World Energy Council, WEC가 주최하는 국제회의. 1924년 영국 런던에서 처음 개최되었으며, '에너지 올림픽'이라고도 부른다. '온 인류에게 최대한의 이익을 주기 위한 지속적인 에너지 공급과 사용의 증진'을 사명으로 삼아, 전 세계 에너지 생산국과 소비국이 모여 에너지 전략을 논의한다. 1967년에 한국에너지협의회가 설립되었고, 2013년에는 대구에서 총회가 열렸다.

유엔기후변화협약 United Nations Framework Convention on Climate Change

www.unfccc.int/2860.php

정식명칭은 '기후변화에 관한 유엔 기본협약'이고 '리우환경협약'이라고도 한다. 1990년 제네바에서 열린 제2차 세계기후회의에서 기본적인 협의를 하고, 1992년 6월 정식으로 기후변화협약을 체결했다. 이산화탄소를 비롯한 온실가스의 방출을 제한하여 지구온난화를 막는 것이 목적이다. 기후변화협약 체결국은 염화플루오린화탄소CFC를 제외한 모든 온실가스의 배출량과 제거량을 조사하여 협상위원회에 보고해야 하며 기후변화 방지를 위한 국가계획도 작성해야 한다.

ㄱ

ㄴ

ㄷ

ㄹ

ㅁ

이 책에 실린 사진들은 아래 저작권자들의 허락을 받아 사용하였습니다.

ⓒ ORESTIS PANAGIOTOU / EPA, 27쪽; ⓒ F.D.Richard / Flickr.com(CC BY-SA), 61쪽; ⓒ NIC BOTHMA / EPA, 90쪽; ⓒ Franzfoto / Wikipedia(CC BY-SA), 107쪽; ⓒ chesapeakeclimate / Flickr.com(CC BY-SA), 126쪽; ⓒ THAIER AL SUDANI / EPA, 147쪽; ⓒ David Holt / Flickr.com(CC BY-SA), 166쪽

10대에게 들려주는 자원 이야기

왜 석유가 문제일까?

1판 1쇄 인쇄 2026년 2월 27일
1판 1쇄 발행 2026년 3월 20일

—

지은이 제임스 랙서
옮긴이 유윤한

—

펴낸이 백성빈
펴낸곳 반니출판
주소 서울 서초구 서초중앙로 69 806호
전화 02-6204-0491
전자우편 banni@banni.co.kr
출판등록 2025년 10월 13일 (제2025-000266호)

—

ISBN 979-11-24280-45-4 43300

—

책값은 뒤표지에 있습니다.
잘못된 책은 구입하신 곳에서 교환해드립니다.